樂律

潛意識操控術

操控術

職場與社交中的心理暗示

窺探真實、集體催眠、互悅機制、思維定式……

從心理減壓到潛能開發，提升自癒力與情商

李娟娟 著

◎ 不開心時裝出笑臉，真的可以開心起來嗎？

◎ 記憶可靠嗎？心理暗示能把虛假記憶植入大腦？

◎ 正向心理暗示真的可以充當起死回生的靈丹妙藥？

◎ 負面心理暗示會讓人產生受傷、生病乃至死亡的錯覺？

健康管理、社會交往、家庭教育、心理催眠……
利用心理暗示喚醒潛能，打破思維定式，實現人生突破！

目錄

目錄

目錄

前言

　　我們的想法、情緒、行為無時無刻不受到外界微妙、含蓄的影響，這就是心理暗示。巴夫洛夫 (Ivan Pavlov) 把暗示稱為「人類最簡單、最典型的條件反射」。受暗示性是人類在漫長的進化過程中，形成的一種自我保護本能。心理暗示包括自我暗示與他暗示，既有正向暗示也有負面暗示。那麼在現實生活中，我們該如何讓心理暗示為自己服務，避免其負面影響，發揮其正向作用呢？本書即是一本心理暗示實用指導手冊。它將告訴我們如何透過心理暗示緩解壓力，讓我們的生活更快樂；如何藉助心理暗示喚醒我們的潛意識，開發沉睡的潛能；如何將心理暗示運用到健康管理、社會交往、家庭教育等領域，以及建立在心理暗示基礎上的催眠術究竟有多麼神奇。

　　在自己不開心的時候，裝出一副笑臉，真的可以讓自己開心起來嗎？

　　負面的心理暗示可以讓人產生受傷、生病乃至死亡的錯覺嗎？

　　正向的心理暗示真的可以充當起死回生的靈丹妙藥嗎？

　　人真的有無限的潛能嗎？如何用心理暗示這把鑰匙開啟人潛能的大門呢？

　　心理暗示可以讓我們變得更有自信和更有魅力嗎？

　　我們的記憶可靠嗎？心理暗示是如何把虛假的記憶植入我們的大腦的？

　　……

　　這些有趣的問題與我們每個人息息相關。如果你想知道答案，不妨開

啟這本書，一探究竟。既然在我們的生活中，心理暗示無處不在，每時每刻都在影響著我們的思想、情緒、行為，那我們就沒有理由忽視這個問題。了解心理暗示，掌握正確運用心理暗示的技巧以及抵禦負面心理暗示的方法，對我們每個人來說都是非常必要的。

Part 1
暗示與快樂
—— 幸福感的增加

有了希望，我們就會變得積極熱情，而這種正向的情緒反過來還會對潛意識產生正向的影響。這樣就會形成一個良性循環，一切不好的想法都會被阻隔在潛意識之外，不會再對我們的心理或行為產生影響。

|| 像硬幣一樣的心理暗示 ||

　　在印度某些地區盛行著一種儀式，這種儀式是從古代流傳下來的，被稱為「鉤擺」。在一年的某些特定時期，某個社會族群就會選出一個人作為神力代表。這個人的使命是讓自己掛在特定的鋼鉤上，然後到處遊行，以保佑兒童和穀物的平安。

　　這是一種外人看起來十分恐怖的儀式，因為神力代表必須赤裸上身，讓鋼鉤深深地刺入自己背部兩側。而且在遊行的時候，神力代表還會不停地搖擺，這就意味著鋼鉤會在他的背部不停地動來動去，疼痛感會增加。在外人看來，被選為神力代表一定是件倒楣的事情，需要忍受很大的痛苦，但在當地人看來，這是一種榮譽。最為關鍵的是，神力代表在儀式舉行的過程中不會感覺到任何痛苦，反而會很快樂。等儀式結束後，神力代表背部的鋼鉤會被取出來，然後有人會在他的傷口上撒上一些柴灰。這種簡單的傷口處理方式在許多人看來也是不可思議的，有的人甚至認為傷口一定會發炎。但事實卻是，所有神力代表的傷口會迅速地癒合，大約兩個星期後，就會痊癒。

　　該如何解釋這種看起來十分神奇的現象呢？在當地人看來，這是神力的結果，是神在保佑他們。但事實上，卻是心理暗示在發揮作用。心理暗示是我們經常會聽到的一個名詞，我們也相信心理暗示的存在，但我們往往會忽略心理暗示的力量。心理暗示不僅會改變我們的心理和行為，還能

在一定程度上改變我們的生理功能，比如抵消疼痛感。

在鉤擺儀式中，神力代表的背部雖然被鋼鉤深深刺入，但他整個人的狀態卻是異常亢奮的，他在潛意識中不停地暗示自己，這是一種榮耀，他該為此而感到自豪。這種暗示會讓他忽視背部的疼痛，並且在體內產生一種類似強力鎮痛劑的化學物質，這種化學物質與嗎啡的作用類似，能減輕甚至消除掉疼痛感，並讓人產生快樂的感覺。

像鉤擺儀式這種能讓人改變生理特徵的強烈暗示雖然不常見，但利用暗示讓自己擺脫痛苦在我們的生活中卻時有發生，只是我們沒有意識到。例如，當一個人遭遇挫折的時候，他會覺得痛苦，這種感覺與疼痛感十分相似，這時候他便會嘗試用各種暗示的方式安慰自己，讓自己快樂起來。暗示除了能讓人的心理狀態改變，還會影響人的行為，讓人振作起來。

心理暗示就好像硬幣一樣有正反面，除了能產生正面的作用，還有負面的一面。在負面暗示的作用下，我們的心態會變得越來越消極，會出現沮喪、焦慮等許多負面情緒，從而喪失對生活的熱情。這種心態會讓我們變得沒有自信，甚至看不到希望。

在美國，有一個著名的擊劍運動員，他曾兩次被一名古巴擊劍選手擊敗。這名古巴選手成了他永遠繞不過去的「魔障」。在一次比賽中，他被告知這次的競爭對手仍然是那名古巴選手。有了前兩次失敗的經驗，他開始覺得自己無法戰勝對方，許多觀眾也有相同的看法。在賽前訓練中，他的積極性不高，似乎沒什麼動力，他知道自己不可能贏得這次比賽。

所幸，這名擊劍運動員遇到了一名心理學家，心理學家教給他一個小竅門，這個小竅門成了他取得勝利的關鍵。心理學家讓他不停地敘述一段話，大意是在未來的比賽中，那名古巴選手一見到他就害怕，此外心理學

家還讓他強調自身的優勢。這樣反覆地自我暗示，讓這名擊劍運動員漸漸恢復了自信，他從恐懼的情緒中擺脫出來，開始相信自己能贏得比賽，對自己的優勢越來越有自信。於是，在比賽開始後，他以飽滿的精神狀態去迎戰對手並最終贏得了比賽。

我們在做一件事情前，負面的暗示往往會抑制我們發揮能力。我們會在負面暗示的作用下，喪失自信，一遇到困難馬上就覺得自己不行，甚至連努力一下都不肯。長此以往，負面暗示就會演變成自卑的心理，會讓人覺得自己這也不行那也不行，最後真的什麼也做不成了，個人能力和優勢完全被淹沒了。

心理暗示之所以會產生這麼大的作用，是因為心理暗示作用於我們的潛意識，也就是說我們的潛意識在左右著我們。潛意識是一個心理學的概念，通常是指心理上我們不能認知或沒有認知的部分，也就是說潛意識是隱藏起來的，我們意識不到。

通常情況下，潛意識不受我們的控制，我們只能控制自己的意識，讓自己的意識變得充滿正向心態。但我們的意識總會輕而易舉地被潛意識所影響，我們的潛意識會決定我們的心理或行為。在每一個人的幼年時期，也就是 6 歲以前，潛意識就已經形成並定型，這通常與我們的生活環境密切相關，尤其是父母的教育。這是我們所無法控制的，我們被動地接受了父母的一些觀點。但成年後，我們卻可以有意識地管理和影響自己的潛意識。

對於許多成年人來說，他們很少會注意到潛意識的影響力，也不會管理自己的潛意識，但卻總會受到潛意識的負面影響。在管理潛意識的方式中，正向的心理暗示是最常見的。在反覆的正向心理暗示下，我們的潛意識會接收這種訊號，從而產生正向作用。

　　正向的心理暗示有許多種方式，以下三種是比較有效的：第一種，設計一個屬於自己的鼓勵常用語，每當自己不安或沮喪的時候，就用這句話鼓勵自己；第二種，學會自我肯定，就算沒有人看到你所取得的成績，你也要為自己「喝采」；第三種，讓正向的情緒與某種行為連繫起來。這樣，每當我們去做某件事情時，就會出現相應的正向情緒，從而變得更有動力。

‖ 讓自己快速振作的方式 ‖

　　2009 年，一位名叫利奧·梅西（Leo Messi）的足球運動員當選為「世界足球先生」和「歐洲足球先生」。在接下來的幾年，梅西不斷地創造輝煌，贏得了許多榮譽。但就是這樣一個舉世聞名的球星，在 11 歲的時候曾被診斷為生長激素缺乏症，也就是侏儒症。這意味著，梅西與長高無緣了。對於許多男孩子來說，瘦小的身材本來就足以讓他在同伴們面前自卑不已，更何況梅西想要成為一名足球運動員，這個消息對梅西來說幾乎是毀滅性的打擊。

　　本來，梅西是當地街區少年足球隊的主力，許多人都很看好梅西，有的足球隊教練甚至想把梅西納入麾下，但聽說梅西身患頑疾後便望而卻步了。其實，梅西的頑疾並非絕症，可以透過注射生長激素來改善症狀，但每月注射生長激素的花費不是一般家庭所能承擔得起的。梅西的父親是個足球教練，他深知兒子對足球的喜愛，便開始變賣家產為梅西治病，但這些錢，在高昂的治療費用面前只是杯水車薪。

　　2000 年，幸運之神光顧了梅西。教練庫卡十分看好梅西，便把他帶到了巴塞隆納。在球隊中，13 歲的梅西是最矮的一個，也是被嘲笑的對象。最初，其他教練也不怎麼看好梅西，畢竟身高是一個足球運動員必備的身體條件。但梅西卻從未放棄過對足球的熱愛，他不停地暗示自己：「梅西，你一定能成為最優秀的足球運動員。」每次足球訓練的時候，梅西總是用

「我可以」的暗示方式為自己打氣。

　　梅西的努力和堅持沒有白費，他的球技終於得到了認可。他與巴塞隆納俱樂部簽訂了一份合約。為了讓梅西長高，巴塞隆納俱樂部想了許多辦法。在經歷了多次的治療後，梅西終於達到了足球運動員的標準身高。

　　在以後的訓練和比賽中，梅西總是不停地運用自我暗示的方式給自己以鼓勵。在這種正向的自我暗示下，梅西變得越來越有自信，而這在比賽中是十分重要的。每次面對挫折時，梅西也能以最快的速度自我調整，透過暗示讓自己盡快振作起來。

　　自我肯定式的暗示之所以有如此神奇的效果，是因為這與自我效能有關。當一個人遭遇挫折時，他的情緒狀態一定處於低自我效能感中：沒有自信，常常會對現實採取迴避的方式，經常被焦慮或憂鬱所折磨。但在自我肯定式的暗示下，自我效能往往能恢復到正常水準，從而在應對各種問題時達到正面的作用。

　　自我效能還與個人控制力有關。控制力是一種正向感受，如果喪失了控制力，那麼我們就會陷入無助之中。無助只會讓我們的情緒更糟糕，甚至會產生絕望的心理。而這是十分危險的，會使我們的身心都處於不健康的狀態。

　　以下這個心理學實驗就充分說明了控制力的重要性。

　　實驗者將小白鼠分成了三組。第一組和第二組的小白鼠都需要接受電擊，第三組的小白鼠則不被電擊。不同的是，第一組的小白鼠可以透過學習避免被電擊，第二組的小白鼠不論如何努力都必須接受電擊。

　　一段時間後，所有的小白鼠都被實驗者植入了癌細胞，實驗者想看看到底哪組小白鼠更能抵抗癌細胞的侵蝕。結果顯示，第二組小白鼠的死亡

率要遠遠高於第一組和第三組。該實驗結果充分說明了控制力的重要性，有了控制力我們就能盡快振作起來，並抵抗挫折。如果沒有了控制力，就容易陷入絕望之中，這只會讓人變得更加消沉。

上述實驗結果同樣適用於人類，心理學家艾倫‧蘭格（E.J. Langer）和朱迪斯‧羅丁（J. Rodin）就用實驗證實了這一點。雖然實驗對象是老年人，但實驗結果卻適用於所有年齡階段的人。

老年人通常被認為是社會的弱勢族群，需要得到人們的照顧，尤其是重病纏身的老年人。如果一個人不能做到生活自理，需要藉助其他人的幫助，那麼他一定會有一種莫名的怒火和無助感，其心理狀態也一定很糟糕。

蘭格和羅丁選擇了一個名叫阿登屋的養老院。這裡的老人身心健康，經濟背景也都相似。實驗者隨機挑選了一些老人作為參與者，其中有男有女。這些參與者被分成了兩組，第一組的參與者會被安排責任感提升訓練，第二組的參與者則不需要這項訓練，而且其生活也會被工作人員安排得妥妥當當。

實驗開始後，實驗組織者會對第一組的參與者說：「你們有責任也有權利安排自己屋內的設施布置，你可以選擇保持原樣，也可以讓工作人員幫你布置，這一切的決定權都在你自己手中。另外，我還想送給你們每個人一件禮物，這是一棵植物。當然，你們可以選擇接受，也可以拒絕。但如果接受了禮物，這棵植物就是你自己的了，你有責任照顧好它。最後我還有一個消息要告訴你們，週四和週五的晚上會放映電影，你們可以任意選擇在哪一天看電影，這是你們的自由。」

第二組參與者所得到的說辭是另一種：「我希望你們能在這裡安度晚

年，我們會盡量為你們安排一種舒適的生活，希望你們能在這裡生活得快樂幸福。因此我們的責任是為你們提供一切可能的服務，盡全力幫助你們。另外，我們還為你們準備了一份禮物，這是一棵植物。從此之後，這棵植物就屬於你了。不過你們也不用擔心，會有工作人員幫你照顧它，每天會按時替它澆水。最後我們還有一個消息要通知你們，週四和週五晚上會放映電影，隨後我們會安排你們在其中一天觀看電影。」

雖然兩組老人的生活很相似，但感受卻不同。第一組的老人擁有對生活的控制感，而第二組的老人卻喪失了對生活的控制力。在實驗進行了三個星期後，老人們在測試中表現出很大的差異，而測試與快樂、活力、機敏和活動參與度等方面有關。

實驗結果顯示，第一組的參與者比第二組的參與者更快樂和更有活力。在參加訪談的時候，訪談者對第一組參與者機敏度的評價也要比第二組高很多。

在有關參與度的測驗中，兩組老人的表現同樣相差很大。實驗組織者為老人們舉行了一場猜雷根糖的比賽，讓老人自己決定是否參加比賽。結果第一組的絕大多數老人都積極參加了比賽，而第二組的老人只有一個主動參與了比賽。

一年後，實驗組織者發現兩組老人的精神狀態出現了明顯的差異，第一組的老人更積極和樂觀，在養老院的生活過得十分愉快。除此之外，兩組老人的健康狀況也有明顯差異，第一組老人更為健康，死亡率更低。

控制力之所以這麼重要，是因為有了控制力，我們的自我效能感就會提高，會相信自己有能力完成所制定的目標，這樣會使我們更加快樂，也能讓我們在遭遇挫折時更快地自我修復。

　　恢復控制力和自我效能有許多種方式，其中自我肯定式的暗示是最迅速的，而且能產生立竿見影的效果。但在使用該種方式時需要注意以下幾點：

　　第一，最好使用積極正面的詞語和肯定句對自己鼓勵，盡量避免使用貶義詞和否定句。例如，如果一個人想要改掉懶散的習慣，最好用「我會越來越勤奮」的語句，而不是使用「我不要懶惰」。

　　第二，暗示語句不宜過長，最好使用簡短的語句。越是簡短有力的語句，就越容易在自我暗示時產生強烈的情緒體驗，從而容易說服自己。

　　第三，頻繁自我暗示。不斷地重複自我暗示的語句雖然看起來很簡單，但卻很難堅持下來。一旦堅持下來了，我們的潛意識就會接受這種自我肯定式的暗示，從而使我們越來越相信自己。

‖ 幸好還有希望 ‖

　　小約翰在離開家去紐約之前，曾和父親探討過這樣一個問題：在這個世界上，什麼東西能讓人排除一切煩惱？小約翰認為，這樣東西是金錢，只要有了金錢，一切困難就會迎刃而解。但父親卻並不這樣看，他把答案寫了下來並放進一個信封裡。在小約翰離開前，父親把這個信封交給了他：「在你覺得最苦惱的時候開啟它，它一定能幫助你度過難關。」小約翰雖然接過了信封，但並不相信：「爸爸，我寧願這裡面放著一張鉅額支票。除了金錢外，其他的東西對我一點用也沒有。」

　　紐約並不像小約翰想像的那樣美好，在這裡討生活十分辛苦。每當遇到困難時，小約翰就會想：如果有錢就好了，這樣我的日子就會好過多了。為此，小約翰開始拚命地賺錢。

　　小約翰用了 4 年的時間建立了一家公司，他也過上了自己曾經夢寐以求的有錢人生活。這時，小約翰越來越肯定了金錢的作用，他還向父親炫耀自己當初的看法是正確的。

　　後來，小約翰認識了一位名叫瓊斯的漂亮女子。他對瓊斯一見鍾情，便開始追求瓊斯。後來瓊斯接受了他，小約翰覺得自己非常幸運。從那以後，小約翰便把公司交給副總經理打理，他則開始和瓊斯享受戀愛的美好時光。

　　一天，小約翰的情人瓊斯消失了。巧合的是，公司的副總經理也消失

了。很快，小約翰就意識到這不是巧合，因為他發現自己的公司變成了一個空殼，帳目混亂不堪，公司帳戶上的錢全部消失了。一時間，小約翰的大腦一片空白，他不知道該如何應對自己所面臨的這一切。

等小約翰緩過神來後，他突然想到了父親的那個信封，他決定開啟看看。在開啟之前，小約翰卻在不停地祈禱：「千萬別是支票！千萬別是支票！」因為這個時候，金錢已經無法帶給小約翰快樂了。

信封裡面只有一張紙，上面寫著一句話：「幸好還有希望！」看到這句話後，小約翰所有的煩惱都好像被驅散了，他突然覺得未來的生活充滿了陽光。之後，小約翰打了一通電話給爸爸：「爸爸，我不得不承認，你是對的。『希望』才是治癒一切煩惱的靈丹妙藥。」

當我們追求某個目標時，如果獲得了成功，就會產生高希望，從而產生許多正向情緒，會對自己的未來充滿了熱情。但當我們面臨失敗時，就會成為低希望者，會出現許多負面情緒，做什麼事情都無精打采，好像喪失了自我價值一樣。

在實現目標的過程中，我們一定會遭遇某些阻礙，這些都會帶給我們壓力。當我們克服了困難後，就會覺得自己更加接近既定的目標了，這是一種積極強化，會帶來正向的情緒和繼續努力奮鬥的動力。相反，如果失敗了，就會產生相反的結果，會削弱自己追求目標的希望。

想要重獲希望，我們就必須合理利用心理暗示。心理暗示在現實生活中隨處可見，我們經常會受到心理暗示的影響。心理暗示是一種力量，是一種武器。它本身無所謂正面和負面，關鍵在於如何使用它，從而讓心理暗示產生正向的影響。

心理暗示之所以會對我們產生影響，是因為它能作用於潛意識。而潛

意識則會作用於我們的心理或行為，從而影響事情的結果。

　　一旦我們的潛意識接受了某種觀點，這種觀點便開始產生影響。例如當一個人遭遇了失敗後，會覺得自己是個無能的人。如果他一直認為自己是個無能的人，那麼這種心理暗示就會被潛意識所接受，這個人就會變得越來越沮喪，看不到未來的希望，他會繼續經受一系列的挫折和失敗。相反，如果這個人給自己的心理暗示是正向的，那麼他就會漸漸從失敗的陰影中走出來，重新獲得希望。

　　一位老教授帶著幾個年輕人組成了一支探險隊，他們將進入一個人跡罕至的洞穴探險。在進入洞穴前，老教授包括其他成員都做了十分充分的準備，防止在洞穴內迷路。但不幸的是，他們還是迷路了。等他們意識到自己迷路後，許多人開始慌了，因為這意味著他們極有可能會死在洞穴中。

　　這時候，老教授對他們說：「我發現了前人留下的記號，只要我們按照這個記號走下去，就一定能成功地走出洞穴。」說著，老教授便把記號指給其他成員們看。雖然那個記號只是淺淺的一道橫線，但他們就像看到了洞口的光線一樣，立刻燃起了能成功走出洞穴的希望，跟在老教授後面開始朝著洞口走去。

　　老教授帶著這幾個年輕人在洞穴裡兜兜轉轉了很長時間，終於找到了出口，成功地走出了洞穴。等他們出來後，紛紛感嘆：真是太幸運了，真感謝前人留下的記號！這幾個年輕人還對老教授說：「幸虧您觀察得仔細，不然就錯過了那些記號。」老教授卻說：「那些記號根本不是前人留下的，是我趁你們沒注意時用隨手撿起的石塊畫上去的，為的就是讓你們重新燃起走出洞穴的希望，如果沒有了希望，我們就真的要死在洞穴裡了。」

　　對這支探險隊伍來說，老教授是核心人物，他有著豐富的洞穴探險經驗。所以在迷路後，老教授說自己發現了前人的記號，大家都選擇了相信，立刻接受了這個消息，並且絲毫沒有懷疑它的真實性。

　　老教授的這句話之所以能產生起死回生的效果，是因為其他人包括老教授自己都接受了這種心理暗示。對於其他成員來說，他們把老教授的這句話內化為自己的心理暗示，從而讓其作用於潛意識。

　　在現實生活中，我們會像這支探險隊的成員一樣，接收來自他人的暗示。但這種暗示到底是否會產生作用，那就要看自己是否相信它，是否會認同它。一旦相信並認同了，他人的暗示就會變成自我暗示，就會產生作用。

　　我們的潛意識在接收心理暗示的訊號時，是沒有分辨能力的，不會因為這個心理暗示是負面的就不予接受。只要是心理暗示，我們的潛意識就會全部接受。

　　因此，我們要對自己的潛意識施加正向的心理暗示，只有這樣，在遭遇挫折的時候，我們才能重新燃起希望，而希望會帶領著我們走向成功。反覆不斷地對潛意識進行正向的心理暗示，我們的潛意識就會拋棄過去負面的心理暗示，接受新的正向的思維習慣。

　　有了希望，我們就會變得積極熱情，而這種正向的情緒反過來還會對潛意識產生正向的影響。這樣就會形成一個良性循環，一切不好的想法都會被阻隔在潛意識之外，不會再對我們的心理或行為產生影響。

|| 讓暗示造就樂觀 ||

安迪・葛洛夫（Andy Grove）是英特爾公司的前執行長，創造了半導體的神話。安迪在成為業界傳奇之前，曾經歷過幾次破產。但每次破產都沒有擊敗他，他總是能迅速恢復自信，重新開始，這與他樂觀的態度是分不開的。

安迪的童年正是納粹橫行時，而安迪恰恰是猶太人。在納粹的壓迫下，安迪迫切地想要改變眼前的苦難，他開始渴望成就一番事業。當安迪還是一個學生時，就開始做起了半導體的生意。安迪從批發商那裡購買一些半導體的零件，然後自己組裝，最後以低廉的價格出售給同學。安迪的半導體物美價廉，受到了許多同學的喜愛，他的生意做得風生水起。

長大後，安迪便開始創業，繼續做半導體的生意。但創業對於安迪這個窮小子來說是那麼艱難，在經歷了兩次破產後，安迪雖然很快崛起，但命運好像很喜歡和他開玩笑，他很快就經歷了第三次破產。這一次，安迪看不到成功的希望了。

一天傍晚，安迪突然心煩意亂，便到河邊散步。看著平靜的河水，安迪覺得很難過，他想到了自己破產的境況，還想到了過世的父母，甚至還想到自己困苦的童年。這些都讓安迪覺得生無可戀，他突然有了想跳河的衝動。

這時，迎面走過來一個年輕人，他身上揹著一個魚簍，嘴裡哼著歌，

看起來心情很不錯。安迪覺得他一定釣了許多魚，就對他說：「看你心情這麼好，魚簍裡一定有很多魚吧？」年輕人回答道：「沒有啊，我今天的運氣不怎麼好，一條魚也沒有釣到。」這個回答讓安迪很吃驚：「既然如此，你為什麼這麼高興？」年輕人說道：「因為我看到了這麼美麗的風景。」

年輕人的這句話立刻讓安迪改變了之前的想法，他便請這位年輕人和他一起創業做生意。這個年輕人後來成了安迪的得力助手，他就是拉里·穆爾。

這一次，安迪創業成功了，並創造了半導體的神話，也成了遠近聞名的富豪。許多人對安迪所取得的成功都敬佩不已，但卻對安迪身邊的拉里充滿了疑惑。在許多人看來，拉里是個半導體的門外漢，而且也沒有經商的才能，根本不適合做安迪的助手。當有人向安迪提出這個疑問後，安迪的解釋是：「我雖然精通經商和半導體，但卻沒有拉里的那種樂觀和豁達。拉里的樂觀總是能影響到我，還能幫助我做出不錯的決策。他就是我的福星。」

許多人都很羨慕安迪所取得的成功，但卻忘記了安迪在經歷破產時所遭遇的痛苦。在安迪向別人解釋為什麼讓拉里做自己的助理時，其實也說出了自己之所以會取得成功的訣竅。安迪的經商才能以及他對半導體的精通固然是他取得成功必不可少的因素，但拉里所教給他的樂觀和豁達也同樣重要。樂觀和豁達不僅讓安迪獲得了看待問題的新視角，同時還能讓安迪做出更好的決策。

樂觀的對立面是悲觀。在悲觀態度的影響下，我們會產生各式各樣的負面情緒，例如焦慮、恐懼、憂鬱等。這個時候，我們就需要自我調整，讓自己從悲觀中走出來。但自我調整往往是很難做到的，因為人在悲觀的

時候總會想著逃避，逃避會引起自己焦慮的問題。這是一種趨吉避凶的本能。

但逃避根本無法解決問題，只會讓負面的情緒積壓起來，等達到某種程度後，就會讓一個人徹底被負面的情緒所征服，從而陷入悲觀與失敗的死循環之中，有時候甚至會影響身體健康。

在心理學上，樂觀的定義是「相信好事而不是壞事將會發生」。也就是說，樂觀是一種態度，是一個人面對生活中所發生的事情時所抱著的一種正向的看法。

一個人之所以能取得成功，有許多客觀的因素，例如運氣、環境、背景、天賦等。這些客觀因素都是我們所不能決定和左右的，但我們可以決定自己的態度，讓自己用樂觀的態度去面對所發生的一切。調查結果顯示，在取得成功的決定因素中，樂觀的態度占據了 80% 的比例。也就是說，樂觀的態度決定著一個人到底能否取得成功。人們都喜歡和樂觀的人在一起，這是因為人們都對快樂有著天然的親近感，樂觀的人能帶給我們快樂。

有這樣一個心理實驗。實驗組織者找來一批身體狀況相似的學生訓練投籃技巧。實驗組織者把這些學生分成了三組，每組學生的投籃技巧訓練都不同。

第一組的學生需要 20 天的投籃技巧訓練，但教練只會記錄下每個學生第一天和最後一天的成績，其他時間只需要自由訓練即可。

第二組的學生不需要投籃技巧訓練，只需要在第一天和第二十天投籃，然後教練記錄下他們的成績，其他時間學生可以自由安排。

第三組的學生需要在第一天投籃，然後讓教練記錄下成績。隨後的 20

天內，他們雖然不需要投籃技巧訓練，但卻需要每天花費 20 分鐘的時間在腦海中想像自己在進行投籃技巧訓練，甚至還需要在腦海中想像自己糾正投籃的動作、最後投籃命中的場景。在最後一天，他們將會和前兩組的學生一起接受測驗。

測驗結果顯示，第二組學生的成績是最差的。第一組和第三組學生的成績比較接近，而第三組學生的成績要略優於第一組的學生。因為正向的想像賦予了第三組學生樂觀、自信的心態。

這個實驗結果說明了一個人在做某件事情時，態度是至關重要的，直接影響事情的成敗。

而態度又有樂觀和悲觀之分，樂觀態度所產生的正面影響自然不必多言，但悲觀態度所產生的負面影響，卻往往難以引起人們的重視。悲觀會讓一個人變得焦慮和情緒低落，會影響人的身體健康。據研究，悲觀的人從很年輕的時候起，身體就開始出現問題。隨著年齡的增長，身體健康隱患會變得越來越嚴重，而這反過來還會加重悲觀的情緒。到了老年時期，悲觀的情緒會變得更加嚴重。

悲觀情緒所導致的身體症狀常常是胸悶和心慌。當一個人出現此類症狀後，就會覺得自己的身體出了毛病，會到處求醫問藥。糟糕的身體狀況會加劇人的焦慮，最後甚至會導致身心都出現問題，這時候就更別說什麼成功了。

調查研究顯示，在面對壓力時，樂觀的人更容易看得開，不至於讓糟糕的情緒影響自己的身體健康。樂觀的人即使身體出現問題，甚至做手術，他的恢復能力也遠遠高於悲觀的人，因為樂觀會使一個人的免疫力得以增強。悲觀的人比樂觀的人更容易患上心臟病。

　　除了身心健康，態度還會影響一個人生活的各方面。悲觀的人更容易在工作和學習中遭遇阻礙，更難在事業上取得成功。在人際交往上，悲觀的人也面臨著更多的問題。

　　在面對糟糕的事情時，我們都會出現焦慮情緒。關鍵是，我們得使用自我暗示的方式讓自己的注意力從糟糕的事情上轉移開，多對自己說一些積極正面的話，讓自己變得樂觀起來。這樣，樂觀就會在暗示的幫助下驅散焦慮和悲觀的情緒。

‖ 接納自己才能快樂 ‖

　　維恩・特羅耶（Verne Troyers）是好萊塢的一名侏儒演員，他的身高雖然只有 80 公分，但名氣卻很大。在電影中他的表現十分出色，讓觀眾很容易就記住他；參加節目的時候他總會展現自己幽默風趣的一面，從而贏得觀眾的喜愛。在美國許多矮個子的人看來，維恩就是他們的精神偶像。

　　身材矮小的人在學生時代，往往是被嘲笑或欺負的對象。但維恩卻並未有過這樣的遭遇，他是班裡有名的孩子王，總是非常受歡迎。後來，維恩的班裡來了一個大個子的男生。這個男生總是仗著身材高大的優勢欺負班裡的同學，許多同學見到他都會躲著走，不想招惹他。但維恩卻並不在乎，也不害怕，還想著怎麼教訓一下這個囂張的大個子。

　　一天，維恩和大個子的矛盾終於爆發了。兩人在操場上發生了激烈的爭吵，最後兩個人都決定用武力解決問題。這對維恩來說，他的身高顯然處於劣勢，大個子的身高優勢讓許多人都為維恩捏把汗。但維恩卻一點也不害怕，他瞅準機會跳了起來，直接朝大個子的腦袋上打了一拳，把大個子打暈了。

　　長大後，維恩成了著名的演員，他從未為自己的身高而自卑過，甚至還為此感到自豪。在一次採訪中，維恩表示：他將來可能會競選美國總統。因為在美國，演員參與政治是有先例的，例如，總統雷根（Ronald Reagan）就曾是一名演員，史瓦辛格（Arnold Schwarzenegger）也是一名州

長。維恩還提到了自己的優勢，他覺得身高能為他爭取到所有矮個子的選票。而且維恩還認為自己能為人們帶來快樂，他覺得美國社會太嚴肅了，應該輕鬆一些。

在現實生活中，很少有人能像維恩這樣，做到揚長避短，把自己的劣勢變成優勢。生活中更多的人只能看到自己的劣勢，羨慕著別人的生活。如果可以選擇的話，恨不得和別人交換生活，認為那樣自己就會過上幸福快樂的日子。

事實證明，如果一個人看不到自身的優點，無法做到自我接受，那麼他是不可能快樂的，也不可能獲得真正的成功。如果我們能做到接受自己所面臨的現狀，包括自己的缺點和所犯下的錯誤，那麼我們就能學會自我接受。

自我接受不僅意味著要發現自己的優勢，還意味著要正視自己的缺點。後者往往很難做到，許多人總是喜歡自欺欺人，迴避自己的缺點，好像這樣就能讓自己舒服一些。但顯然，這樣的做法根本達不到自己所預期的效果，周圍的某個人或某件事會提醒你，讓你看到自己的缺點。

如果一個人學會了正視自己的缺點，也不意味著就學會了自我接受，反而很容易陷入自我厭棄之中，將自己的缺點無限放大。在接受自己的缺點的同時，我們應該意識到缺點只是自己的一部分，並不是全部。這樣，我們才能看到自身的優勢所在，才能真正學會自我接受。當然，有時候缺點並不一定就是劣勢，關鍵在於我們如何看待它。

有一個商人在南方談生意，準備回家的時候，他突然想起一個朋友快過生日了，就決定在當地挑選一件生日禮物給朋友。商人想送一件特別的禮物，既能表達自己對朋友的祝福，也要不失高雅。最後，商人決定到當

地最著名的畫師那裡，讓他畫一幅牡丹圖，因為牡丹既顯得高雅，還象徵著富貴。

回到家鄉後，商人便帶著這幅牡丹圖去參加了朋友的生日宴會。如商人所願，朋友十分喜歡這幅牡丹圖，還特意讓人展示給所有的賓客觀摩。這一看不要緊，有眼尖的賓客發現了牡丹圖一個致命的缺點，有一朵牡丹畫得不全。這可不是一個好的寓意！牡丹象徵富貴，牡丹不完整不就是在說「富貴不全」嗎？

這下，商人就變得尷尬了，他本來是想討個富貴的彩頭，沒想到會面臨這樣的局面。很快，主人就站出來緩解這尷尬的氛圍：「大家仔細看看，那朵沒畫完的牡丹也沒有畫它該有的邊緣，這就是『富貴』卻『無邊』，不就是說『富貴無邊』嘛，真要謝謝朋友送給我的好寓意！」眾人聽後，紛紛讚賞起這幅牡丹圖來，覺得它是一幅頗有深意的佳作，而商人也沒有那麼難堪了。

追求完美固然是不錯的，但我們還應該意識到，這個世界上沒有一個人或一件事物是完美無缺的，不足是客觀存在的。但關鍵在於，我們該用怎樣的態度去看待自身的不足。

如果只看到自身不足或不利的一面，那麼我們就很難發現自身的優勢或把不足轉化成優勢。因為我們會在妄自菲薄和自我批評中漸漸消沉下去，覺得自己是一無所長的人。即使發現了自己的優點，也會陷入不足的痛苦中，不會相信自己想要達到的目標透過努力就能成為現實。

這個時候，我們需要正向心態的幫助，多想想自己的優點，最好是能達到自我欣賞的程度。一旦養成了正面看待自身的習慣，那麼我們就會變得快樂起來，這時候你會發現周圍的一切都變得美好起來，他人也變得友善了。

　　每個人在心中都會對自我形象有個大概的認知，這種自我形象的認知大多來源於周圍人的評價。這些評價有時候會是正面的，但有時候卻是負面的。這個時候，自我接受和肯定就變得重要起來。自我接受和肯定有利於我們在心中為自己樹立一個正面的形象，從而讓自卑遠離自己。

　　在下達自我肯定的暗示時，最好採用第二或第三人稱的方式，盡量不要使用第一人稱，例如，在暗示自己的某項優點時，前面最好加上自己的名字。這樣的暗示就好像是他人的誇獎一樣，會讓我們很快地接受這種正向的暗示。

　　當一個人遭遇挫折時，發現自己的優點就變得尤為重要，這決定著一個人到底是重整旗鼓還是一蹶不振。

　　1929 年，紐約股市崩盤，許多公司都受到了致命的打擊，面臨著破產的危險。一個大公司的老闆回到家後，把股市崩盤的消息告訴妻子，還說他今後將會變得一無所有，法院很快就會沒收他的所有財產。

　　妻子聽後不僅沒有像他一樣失落，反而提醒他，除了財產外，他還有健康的身體和一個幸福美滿的家庭。妻子還鼓勵他說，他的頭腦如此靈活，一定會東山再起的。至於被查封的財產，就當白忙活了一場，以後一定會再賺回來。有了妻子的鼓勵，他很快就振作起來，三年後他的公司再度被《財富》（Fortune）雜誌評選為全球五大企業之一。

　　當我們遭遇挫折和失敗時，我們不應該迫切地清算自己所犯下的錯誤，過分地執著於所失去的東西，而是應該自我接受，發現自己的優點，恢復已失去的自信。

　　讓自己重新有自信的方式有很多種，其中口頭肯定和書面肯定是兩種有效的方式。口頭肯定其實就是不斷地重複自己的優點。如果真的發現不

了自己的優點，可以想像自己想要成為什麼樣的人，把理想中的自己當成優點進行口頭肯定。書面肯定比口頭肯定要麻煩一些，需要把自己的優點或對自己肯定的語句寫下來。此種方式雖然麻煩，但效果卻不錯，能對我們產生很大的影響。

‖ 福佑與詛咒 ‖

　　有這樣一個故事：有一個人有兩個兒子，大兒子總是很快樂，而小兒子卻總是鬱鬱寡歡。有一天，他做了一個測試，把大兒子關在了一個堆滿牛糞的房間裡，把小兒子關在了一個有許多玩具的房間裡。一段時間後，他去看小兒子，卻發現小兒子依舊不快樂，小兒子哭著說：「這裡的玩具太多了，不知道到底該玩哪一個。」他去看大兒子時，發現大兒子在牛糞中玩得很快樂，看到他後還興沖沖地喊道：「爸爸，快告訴我，你到底把玩具藏到哪堆牛糞裡了？」

　　這個故事說明了樂觀心態的重要性，同時也說明了一個客觀存在的事實——有的樂觀是天生的。研究顯示，快樂與我們大腦中的前額葉左側區域有著密切的關係。在現實生活中，我們經常發現有些人是天生的樂觀派，他們總是顯得那麼快樂，但有些人卻總是鬱鬱寡歡。這是因為人的性格與基因有一定的關係。基因雖然是我們不能改變的，但這並不意味著我們不能決定自己到底是快樂還是憂鬱。也就是說，從相當程度上來說，是否快樂是我們可以掌控的。

　　在許多人看來，生活環境等客觀因素也影響著一個人是否快樂。當有人對自己的環境不滿意時，就會認為只要有錢，自己就可以獲得優渥的環境，就能快樂。當工作不順利時，就會覺得只要工作順利，自己就會快樂。這些客觀因素的確會影響我們，但它們所能發揮的影響力卻遠沒有我

們想像中的那樣巨大。

在當代社會，金錢是一個重要的客觀因素。有研究顯示，在經濟不發達的國家，經濟收入與幸福感有著十分密切的關係。但當一個人的經濟收入達到一定水準後，金錢對幸福感的影響就不再那麼重要了，金錢甚至會變得與幸福感毫無關係。

此外，我們還常常忘記一個重要的因素，即享樂適應。享樂適應雖然是心理學上的一個概念，但在現實生活中卻十分常見。例如，每個人都夢想著中樂透，覺得如果自己能得到一筆鉅額的意外之財，就會從此過上幸福的生活。如果真的中了樂透，你的確會十分開心，做夢都會笑出聲。但這種快樂的情緒並不會持續多長時間，你高漲、興奮、激動的情緒很快就會平息，你會漸漸適應自己擁有一筆鉅款的情況，會漸漸回到中獎之前的狀態，因為我們人類有很強的適應能力。

排除了基因和客觀環境等因素，還剩下40%的快樂是我們能自主決定的。如果一個人能把這40%的快樂激發出來，就會過得足夠幸福了。也就是說，一個人是否快樂，還取決於一個人的主觀意志。

威廉森出生於美國，他是個雙性人，也就是我們通常所說的陰陽同體。在成長的過程中，威廉森總是在快樂和痛苦之間不停地切換。

在威廉森的父母看來，威廉森的性別是撒旦的詛咒，父親看不起他，母親對他也總是疏遠和厭惡。威廉森的父母甚至不知道該以什麼態度來對待威廉森，因為他們不知道威廉森到底是男孩還是女孩，他們不知道該用男孩的標準還是用女孩的標準去要求威廉森。在成長的過程中，威廉森會被父母帶到教堂去參加一些宗教儀式，這是讓威廉森最難堪和痛苦的時刻。因為父母這麼做，只是為了讓神父驅除威廉森體內的惡魔。他們相信

正是因為惡魔附身，威廉森才會從一出生就不男不女的。有時候，神父會給威廉森一張紙巾，讓威廉森把惡魔咳出來。從記事起，威廉森就知道自己是被上帝所遺棄的，而雙性人的生理特徵就是上帝對他的懲罰。

不過，威廉森也有快樂的時候，那是他在祖母身邊度過的一段美好時光。在祖母看來，威廉森的雙性人特徵是神靈賜予的福佑而不是詛咒。祖母還告訴威廉森，他是雙性人意味著神靈賜予了他一個獨特的使命，他將來一定會做一些重要的事情，而且威廉森還能獲得一種非凡的力量，這種力量既有女性的優點，又有男性的優點。這些話讓威廉森十分快樂，他也相信自己生而不凡，是被神靈眷顧的幸運兒。

當威廉森回到自己家時，他總會覺得恐懼和痛苦，他最喜歡待在祖母家裡。而祖母也曾向母親要求，希望威廉森能在她身邊長大。雖然威廉森的父母並未同意祖母的要求，但卻允許威廉森經常到祖母家中居住。每當威廉森覺得痛苦不堪的時候，就會到祖母家裡，那樣他的痛苦和恐懼就會有所緩解。

威廉森的親身經歷告訴我們，當我們無法改變客觀存在的事實時，我們就只能選擇接受正向的暗示，讓自己生活在快樂之中。在現實生活中，快樂還是很容易做到的。

美國心理學家馬丁‧塞利格曼（Martin Seligman）曾經做過一個實驗，這項實驗的目的就是透過一些簡單的操作，讓患有憂鬱症的人產生快樂的體驗。在參加實驗的患者中，有憂鬱症十分嚴重的患者，嚴重到根本無法下床，但塞利格曼所設計的操作十分簡單，即使是在床上也可以進行。

所有患者每天只需要坐著上網瀏覽各種新聞和消息，然後在紙上寫下他們在網路上看到的三件好事。不需要多，只要三件就可以。

在實驗進行了 15 天之後，塞利格曼開始為所有的患者測驗。結果發現，所有患者的憂鬱症狀都減輕了許多，而嚴重的憂鬱症患者已經轉變成中度憂鬱或輕度憂鬱。這說明，在實驗期間所有的患者都體驗到了快樂。因為他們所寫下的三件好事對他們產生了正向的暗示，在暗示他們生活是如此美好。

如果你覺得生無可戀，身邊一點好事都沒有發生過，你不妨使用塞利格曼的方式，用寫日記的方式記錄下自己所看到的好事，最好加上自己的感激之情。這樣，你就會漸漸快樂起來。

其實在現實生活中，讓一個人快樂起來的方式十分簡單，例如經常參加家庭或朋友聚會，經常參加體育鍛鍊或者是穿一件新衣服，這些都會讓自己快樂起來。

每個人都會遇到各種不愉快的事情，例如壓力或創傷性事件等。這個時候，我們就更需要快樂，但前提是我們得學會自我原諒，這是一種自我放鬆，有利於重新體驗快樂。此外，我們還會經常遇到「不如人」的時候。俗話說：「人比人，氣死人。」這種與人相比較的心理雖然很正常，但卻會讓我們鬱悶，因此要盡量避免。

Part 2

暗示與壓力
── 從精神上減壓

　　想要突破思維定式，就必須學會從不同的視角去看待問題。在面對一個問題時，盡量想想看問題不同的角度，從而以不同的視角去看待同一個問題。一旦養成了這個習慣，想要打破思維定式就會變得非常容易。

‖ 致命的壓力 ‖

　　潘潔是個非常優秀的年輕女性，她的個人經歷非常完美，從小就是典型的「別人家的孩子」，學習成績十分優異。2003 年，潘潔成功考入了一所明星大學。對許多大學生來說，大學生活就應該是輕鬆和豐富多彩的，但潘潔並未在大學期間放鬆對自己的要求，她依舊是最優秀的，並在 2006 年獲得了到新加坡交流學習的機會。大學畢業後，潘潔先後在日本和德國留學，並且獲得了雙碩士學位。

　　完成學業後，潘潔便成功進入，從事普華永道公司的會計工作。工作後的潘潔依舊很拚命，每天除了正常的上班時間，還經常加班到深夜，每天都是凌晨時分才回家休息，有時候甚至凌晨 3 點多才回家。

　　一天，潘潔晚上 12 點多回到了家。這天潘潔特意早點回家，是因為她覺得身體很不舒服，再加上她最近跟進的專案完成了，決定好好休息一下。回到家後，疲憊不堪的潘潔甚至都沒有力氣盥洗，就倒在床上睡著了。第二天，潘潔發起了高燒。當潘潔的父母發現女兒發高燒後，立刻把潘潔送到了醫院。

　　這次的搶救很及時，潘潔雖然清醒過來了，但身體卻十分虛弱，只能在家好好休息，再加上正值連假期間，她可以趁此機會恢復一下。但潘潔的身體並未恢復健康，在假期結束的時候，潘潔在家中突然陷入了昏迷。雖然潘潔的父母及時把她送到了醫院，但她卻一直處於昏迷的狀態，這已

經是瀕臨過勞死的邊緣了。

所謂「過勞死」，就是指由於長時間加班工作導致過度疲勞而猝死。過勞死這個名詞是日本發明的，因為過勞死的現象最早出現在日本。

1970、1980 年代，日本的經濟進入了一個繁榮時期。這繁榮的背後是日本人長時間的努力工作。在當時的日本，人們每天工作 12 到 16 個小時都是很正常的。對於日本人來說，工作或公司是被擺在第一位的，其次才會考慮到自身和家庭。在這樣高強度的工作中，出現過勞死也就不足為怪了。有些人甚至說，在日本，過勞死的人數已經遠遠超過了死於交通意外事故的人數。

在其他國家，隨著經濟的快速發展，過勞死的現象也開始頻繁出現。在過勞死的案例中，工作占據了當事人大量的時間，工作所產生的壓力是導致當事人健康狀況惡化的主要因素之一。

在生活節奏不斷加快的今天，工作所帶來的壓力是每個人都面臨的問題。在過勞死的案例中，既有高收入人群，例如工廠老闆或部門經理；也有低收入人群，例如計程車司機和作業員。雖然他們的工作性質不同，但都面臨著巨大的工作壓力以及超長的工作時間，很難做到真正的放鬆。

2006 年 5 月 28 日的晚上，一所醫院收治了一名年輕的患者，這名患者只有 25 歲。他平常的身體狀況很不錯，但卻在這天晚上突然陷入了昏迷。院方雖然努力搶救，但這位年輕人還是不幸去世了。他是胡新宇，雖然表面上看起來年輕、健康，但全身的許多器官都已經衰竭了。

胡新宇死亡的消息被朋友和同事得知後，人們紛紛開始猜測他的死亡原因。他們都認為，胡新宇是個身體健康的人，之所以會猝死，完全是大量的超負荷工作導致的。在胡新宇死亡的前一個月，他正在從事一項封

閉的研發工作，每天都在公司加班到深夜，有時候甚至會在公司打地鋪過夜。

與此同時，胡新宇的同事開始思考一個問題：努力工作的目的之一是為了提高自己的生活品質，但像胡新宇這樣拚命地工作，雖然能獲得不錯的收入，卻搭進了自己的健康甚至生命，這到底值不值？有不少人都把胡新宇的死亡歸責於他所就職的公司。畢竟像胡新宇這樣健康的年輕人，只是高強度地工作了一年，身體就被拖垮了。但也有不少人認為責任在胡新宇自己，認為胡新宇沒有量力而行，沒有處理好工作和休息的關係，才會導致這樣的悲劇。胡新宇在工作壓力過大的時候，身體一定有過不舒服的現象，但並未引起他的重視。

忙碌和爭分奪秒是當代生活常見的現象，許多人也樂於過這樣忙碌的生活，認為這樣才能緊跟時代步伐，不至於被社會淘汰。但這樣只會讓人的壓力更大，人畢竟不是機器，不能一直不停地高速運轉。而且對於工作壓力大的人來說，短暫的休息反而可以幫助自己釋放壓力，讓自己的狀態達到最佳。

工作壓力的來源是多方面的。例如，當一個人遇到一個脾氣不好的老闆，每天上班都得戰戰兢兢的，不然就會被劈頭蓋臉地責罵。這樣的工作環境，自然會讓人感到壓力大。再比如，如果一個人所做的工作在自己的能力範圍之外，每天都會在工作中體會那種無力感或缺乏控制感，那麼勢必也會產生工作壓力。在所有的工作壓力中，緊張的狀態是最難改變的。

當我們做一件工作前，會自然而然地緊張起來，這是不可避免的。這種緊張是我們努力工作的動力，但如果緊張所持續的時間過長，就會壓得我們喘不過氣來，會讓我們的神經長期處於緊繃的狀態直至崩潰。

除此之外，如果我們沒有完成某項工作任務，這種緊張還會一直追隨著我們。一個追求完美的工作狂，對無法完成工作任務是不能接受的，他會變得更加緊張。緊張所帶來的壓力不僅難以控制，還會讓人覺得非常疲憊。

除了超長的工作時長外，心理上的疲憊感也是導致過勞死的重要因素之一，尤其對於一些高收入人群來說，勞心所帶來的緊張感會像座大山一樣壓在心頭。

如果無法消除工作上的緊張感，即使強制自己去休息，也不會產生釋放壓力的效果。很多人都有這樣的體驗，當一項工作沒有完成時，腦袋中會不自覺地想到工作的內容，會想自己接下來該怎麼做，從而導致失眠。盡量不要帶著未完成的工作去放鬆，因為這樣根本無法放鬆。最好選擇在完成工作後再好好地休息一下，從而全身心地放鬆。

對於許多人來說，工作堆積如山，根本沒有做完的那一天，這樣該如何讓自己釋放壓力呢？其實在工作中，我們之所以會覺得工作複雜而繁多，那是因為我們不會簡化自己的工作。在所有的工作中，一定有輕重緩急之分。如果按照輕重緩急的標準去劃分自己所要處理的工作，往往能達到事半功倍的效果。例如，工作有重要且緊急、重要不緊急、緊急不重要、既不重要也不緊急這四種類型。因此在處理工作的時候，自然要先處理重要且緊急的工作；再抓緊時間，在極短的時間內處理好緊急不重要的工作；此後再集中精力認真處理重要不緊急的工作；至於既不重要也不緊急的工作，如果沒時間可以交給別人處理，或者在時間允許的範圍內暫時擱置一段時間。這樣安排才能減輕自己的工作壓力。

‖「別人」的懲罰‖

　　諸葛亮三氣周瑜是小說《三國演義》中十分著名的故事。在赤壁之戰中，蜀漢與東吳聯合起來共同抵抗曹軍。從那時起，周瑜就開始忌憚諸葛亮，暗中與諸葛亮較勁。在第一次較量中，周瑜和諸葛亮相約，誰能從曹軍手中奪取南郡，南郡就屬於誰。周瑜與曹軍的第一次較量，並沒有成功，還受了傷。不過周瑜並未放棄，而是將計就計擊敗了曹軍。正當周瑜準備獲取勝利果實時，蜀漢的軍隊突然出現，奪走了南郡等地。這是諸葛亮的計策，既能輕鬆奪取南郡，還讓周瑜沒話說。看著到嘴的肥肉突然被人搶去了，周瑜自然很生氣，氣得傷口爆裂，從馬上摔了下來。

　　從此後，周瑜就和諸葛亮槓上了，非要分個高低。一天，周瑜得知了劉備夫人死亡的消息，立刻想了一條新的計策，勸孫權假裝把自己的妹妹孫尚香嫁給劉備，要求劉備到東吳與孫尚香成婚，以趁機殺掉劉備。沒想到，孫權的母親對劉備這個女婿很滿意，不僅阻止孫權殺害劉備，還真心想讓女兒孫尚香和劉備成婚。

　　一計不成，周瑜又想了一條計策。他想讓劉備變成一個沉迷於聲色的人，直接將他留在東吳，這樣就不會再有奪取天下的雄心，周瑜還特意離間劉備與諸葛亮、關羽、張飛等人的關係。但周瑜的妙計又被諸葛亮成功化解，在諸葛亮的安排下，劉備不僅成功回到了荊州，還給周瑜設下了埋伏。當周瑜看到劉備離開後，已經很生氣了；率兵去追的時候，又中了埋

伏，這讓周瑜更加氣憤。正在這種情況下，周瑜又聽到蜀漢的士兵在嘲諷他「周郎妙計安天下，賠了夫人又折兵」，一下子氣急攻心，上次沒好的傷口再次爆裂。

赤壁之戰結束後，曹軍元氣大傷，東吳和蜀漢的合作也結束了，這下東吳和蜀漢就成了敵人。蜀漢想要發展壯大，但東吳卻很懼怕蜀漢的強大，因此便向劉備討要被借走的荊襄九郡。三番五次地討要後，劉備終於給出回應，這是諸葛亮出的主意，即等蜀漢成功奪取西川後，一定會歸還荊州。可這份承諾遲遲沒有兌現，周瑜只好主動提出協助蜀漢攻克西川。

這其實是周瑜想到的一條妙計，因為要想攻克西川就必須從荊州路過。只要劉備答應了，周瑜會立刻率軍到荊州，然後就賴著不走了，這樣就能輕鬆奪取荊州。但周瑜的計策還是被諸葛亮識破了，在荊州等待他的依舊是蜀漢的埋伏。這一次，周瑜再次氣急攻心，從而導致舊傷復發，最後不治身亡。臨死前，周瑜還大聲喊道：「既生瑜，何生亮！」

周瑜之所以次次被諸葛亮算計，最後還氣死了，就是因為他總是在拿自己和諸葛亮比較，面對技高一籌的諸葛亮總是不服氣，在制定計策的時候往往很容易喪失理智。而且諸葛亮深諳周瑜的個性，知道他是個心高氣傲的人，還專門讓士兵嘲諷他「賠了夫人又折兵」。後來，諸葛亮對司馬懿也使用過類似的計策，如專門派人送女人衣服給司馬懿，嘲諷他像女人一樣扭扭捏捏，不肯出兵迎戰。但司馬懿根本就不上當，也不生氣。如果換作周瑜，就算沒上當，也會氣個半死。

諸葛亮三氣周瑜的故事充分驗證了那句俗語：「人比人，氣死人。」雖然這只是小說中的故事，但類似的事情卻在現實生活中十分常見。在我們的工作和生活中，有很多壓力其實就來自這種比較心理，在比較之中變得痛苦、在比較之中變得牢騷滿腹。

　　大多數人總會忍不住拿自己和別人相比較，起初可能只是羨慕，但最後很可能會發展為嫉妒，會出現排斥和貶低自己的現象。

　　比較心理作祟，我們的認知往往會扭曲，總是拿自己的短處與別人的長處對比，無法做到對自身的客觀評價和認知；總會覺得自己這也不行，那也不行，從而產生自卑感。這其實就是在拿「別人」來懲罰自己，把別人的標準作為衡量自己價值的標準。這是在不斷地給自己一種負面的心理暗示，會讓自己變得越來越自卑，越來越焦慮。在這樣的壓力下，我們往往很難做到去努力工作，因為我們會產生「再怎麼努力也不會成功」的感覺。

　　其實，我們每個人都是獨一無二的，自己一定有別人所沒有的長處。想要發現自己的優勢並做到揚長避短，就必須得放下這種比較的心理。這樣，我們才能做到從不同的視角看問題，從而發現自己所羨慕別人的生活也是有缺陷的。

　　娜娜和小莉是大學同學，畢業後還在同一家公司工作，兩人關係很不錯，不過娜娜卻很羨慕甚至有些嫉妒小莉的生活。小莉嫁了一個經濟條件不錯的男人，有自己寬敞的房子，而娜娜卻蝸居在租來的房子中。娜娜總是忍不住拿自己的老公去與小莉的老公比較，結果越比較就越來越現自己的老公很沒用，越覺得鬱悶。

　　有一天，娜娜去小莉家送東西。當時小莉正在打掃環境，小莉的丈夫則怡然自得地坐在沙發上看電視，還頤指氣使地指責小莉沒打掃乾淨。娜娜看到此景後很是吃驚，就用開玩笑的口吻說：「你真是不懂得憐香惜玉，這麼粗重的工作讓小莉一個人做。」誰知，這個男人卻說：「我掏錢買了房子，還讓我出力啊！」

　　離開小莉家後，娜娜開始為小莉打抱不平，小莉平時工作也很辛苦，在家裡還得像老媽一樣伺候自己的丈夫。這時，娜娜突然想起了自己的老公，她突然感到自己以前覺得老公無用是那樣可笑。

　　這種比較心理其實很正常，人總是喜歡和身邊比自己強的人相比較。這種比較有時候會造成正面的作用，人會透過比較來自我調整，並對自己的實力客觀評價，從而做出某種改變。例如，一個學生會把自己的學業成績和班上的人相比較，如果想要成績排名更靠前，他就會努力學習，爭取下一次考試的時候更進一步。

　　這種和比自己強的人進行的比較屬於向上比較，還有向下比較。向下比較就是和比自己差的人相比較，這是一種尋求自我安慰的心理。當一個人感覺到威脅或壓力的時候，就會採用向下比較的方式，從而得到一定程度的放鬆。這種向下比較的方式也有一定的作用，可以讓人的壓力得到短暫的釋放。

　　不論是向上比較還是向下比較，都是在沒有對自己形成一種客觀評價的情況下發生的。一個人如果總是陷入與他人比較的心理，就會漸漸迷失自己，無法保持本色，會長期處於壓力和焦慮之中。

　　一個人的內心如果無法獨立，就會依賴於周圍人的需求，會認為別人的需求就是自己想要的，會努力追求別人的需求，透過別人來決定自己想要什麼。俗話說：「天外有天，人外有人。」如果總是以別人的標準來要求自己，那麼就會永遠得不到滿足，就會經常使自己陷於壓力和焦慮之中。因此我們必須明白一個再簡單不過的道理，即每個人都是獨一無二的。這樣，我們才能真正獲得自信和快樂。

|| 快樂也可以弄假成真 ||

　　莫妮卡有一份不錯的工作，是一家公司的部門主管，她還有一個美滿的家庭，但莫妮卡卻總是愁眉苦臉，覺得自己的生活一點快樂也沒有。有時候，只是一點小事就會讓莫妮卡憂慮重重，例如孩子一次考試成績不理想或者丈夫幾句無心的話。不過，莫妮卡的主要壓力還是來自工作。

　　一天，莫妮卡接到了一個通知，下午要去參加一個重要的會議。從接到通知的時候起，莫妮卡就開始擔心，漸漸覺得很有壓力。最終，莫妮卡只好向心理師求助。她打電話給心理師：「我現在的精神狀況很糟，但下午卻有一個重要的會議要參加。我到底該怎麼做，才能讓自己迅速地快樂起來？」

　　心理師很快給出了建議：「先把讓你有壓力的事情放下，然後去洗個臉，為自己化個妝，換身衣服，讓自己有自信起來。再想想曾經讓你快樂的人或事，實在想不起來，就看看笑話。當你去參加會議的時候，要假裝成很快樂、很有自信的樣子。這樣，你的心情就會跟著好起來。」

　　莫妮卡按照心理師的要求去做了，效果非常好。開完會後，莫妮卡就打電話給心理師表示感謝：「這次會議我表現得十分出色，爭取到了我夢寐以求的專案。現在，我覺得自己充滿了幹勁，對明天也充滿了期待。沒想到，假裝快樂和自信會有這麼好的效果，我的心情居然在假裝後真的變好了，真是太神奇了！」

在我們面對工作或生活的壓力時，一個好的心情就會變得尤為重要。很多時候，壞的心情和壓力會讓我們的精神變得緊張和疲憊，即使沒有體力勞動，也會覺得疲憊不堪。想要應對壓力並恢復好心情，我們就必須利用自我暗示讓自己快樂起來，比如假裝自己很快樂。當你決定裝出好心情時，你其實就已經在為自己施加快樂的暗示，最後就會弄假成真，真的得到快樂。

這是心理學中一個十分重要的原理，即當一個人扮演某個角色時，他就可以體驗到相應的情緒。例如，當你因為沒有完成工作任務備感沮喪時，就可以假裝自己很有自信，這樣就能體驗到自信滿滿的感受。

小敏是一家大公司的職員，當初她付出了很多努力才度過了這家公司的試用期。在之後的半年時間裡，小敏總是覺得很壓抑，她害怕上司，也害怕和同事交流。自從工作後，小敏就沒笑過，整天都是萎靡不振的。為了尋找快樂，小敏決定去看心理師。

心理師在了解了小敏的訴求後，就給了她一張紙，讓她把自己遇到的糟糕的事情一一羅列出來。小敏寫了很長時間，她想到了很多讓自己害怕、擔心和討厭的事情。寫完後，心理師就要求小敏把所寫的內容讀出來，但在讀的時候，一定要假裝成自己很快樂的樣子，最好能發出「哈哈」的笑聲。

雖然心理師的要求讓小敏摸不著頭緒，但她還是按照要求去做了。讀了一會兒後，小敏的心情明顯得到了改善，假笑漸漸變成了真笑，有時候還會忍不住笑出聲來。

快樂之所以能弄假成真，是因為人的行為與情緒是可以相互影響的。情緒和行為之間的連繫一直是心理學的重點研究對象，針對兩者之間的關

係有很多不同的觀點。有的心理學家認為，情緒可以引導行為，但行為卻無法影響情緒。而美國著名的心理學家詹姆斯（William James）卻不這樣認為。他認為情緒會影響行為，行為反過來也會影響甚至改變情緒。也就是說，當我們想要改變情緒時，可以從行為入手。比如想要快樂的時候，就假裝「哈哈」大笑，或者看一些魔性的笑聲影片。那些笑聲影片真的很有感染力，會讓人不自覺地跟著笑起來，心情也會隨之變好。

佛雷德在發現透過假笑改善心情的方式以前，每當自己情緒低落的時候，就會獨自一人去散散心，直到這種沮喪情緒慢慢消失。有一次，恰逢心情不好的時候佛雷德接到了一個重要會議的通知。佛雷德沒有時間等待壞心情消散，就只能帶著一副假笑的表情去參會。但讓佛雷德意外的是，他的心情居然在開會之前變好了。

佛雷德的意外發現其實早已被心理實驗證實過了。美國加州大學心理學家艾克曼（Paul Ekman）就透過實驗證實了一條重要的心理學原理，即行為改變可以導致情緒的改變。

在艾克曼的設計下，參與者需要按照要求分別做出驚訝、厭惡、憂傷、憤怒、恐懼和快樂等表情，然後艾克曼會觀察儀器上顯示的參與者生理指標的變化。

當參與者表現出害怕的表情時，他們的心跳和皮膚溫度都出現了變化，而這種變化恰恰與人產生恐懼情緒時相類似，即心跳加速、皮膚溫度降低。這說明，當一個人做出害怕的表情時，他的身心會同時進入恐懼的體驗中。此外，當參與者做出其他五種表情時，他們的生理也會出現不同的變化。這個實驗結果說明，當一個人做出某種表情時，他的身心也會跟著出現變化。

　　這種假裝快樂的應對壓力的方式還可以運用到工作中。當一個人工作了一段時間後，很容易進入工作倦怠期，對工作喪失熱情，覺得工作枯燥無味，上班的時候無精打采，下班後覺得筋疲力盡。這時我們就可以假裝自己很喜歡工作。漸漸地我們就會發現工作還挺不錯的，會產生有點喜歡工作的心理。這樣，我們在工作的時候就會更有效率，應對工作壓力時也更得心應手。

　　在應對壓力時，我們的心情很容易變得焦慮，而糟糕的心情不僅會影響我們的工作和生活，有時甚至會影響我們的健康。因此我們必須改變自己的壞心情，透過假裝快樂的方式，讓自己快樂起來。

　　當一個人心情很糟糕的時候，其實就是自我封閉最嚴重的時候，會把自己關在房間裡，然後一個人生悶氣，會不停地想著讓自己糟心的人或事。這其實是在不停地給自己痛苦的心理暗示，只會讓心情變得更加糟糕。這個時候只有假裝快樂才能讓我們快速地從原本糟糕的心情中解脫出來。此外，我們還需要在心情糟糕時重視我們的儀容，例如，洗個臉或穿身整潔的衣服；挺直身體、抬起頭，做出一副自信滿滿的樣子。

推倒思維定式這面「牆」

明朝開國皇帝朱元璋死後，其孫子朱允炆繼位。朱元璋晚年時期殺害了不少功臣，尤其是能征善戰的武將，自以為留給了朱允炆一個「安全」的天下，不會有人造反了。但在他死後不久，他的第四個兒子燕王朱棣在朱允炆的削藩政策逼迫下，選擇了造反，這便是歷史上著名的「靖難之變」。

作為朱元璋的第四個兒子，朱棣在家族裡已經是諸王之首，因為他的三個哥哥在朱元璋還活著的時候就已經去世了。作為新皇帝的叔叔以及最有實力的燕王，朱棣自然不想被削藩，變成一個手無實權的閒散王爺。

在下定決心造反之前，朱棣猶豫了很久，畢竟造反雖然有很高的收益，但同時還有很大的風險，一旦失敗，保住性命成為階下囚都算是最好的結果了。

在「靖難之變」中，朱棣遭遇了許多困難，造反遠比他想像中要困難得多。在諸多困難中，歷任山東布政使、兵部尚書的鐵鉉最讓他感到絕望。在朱棣登基做皇帝後，鐵鉉的下場也最為悲慘。

朱棣被封燕王，鎮守北平（今北京一帶），他手中掌握了不少兵權。他想要造反成功，就必須以最快的速度率兵攻克南京。在這條漫漫長路上，最大的阻礙便是山東。只要能成功攻下山東，他的造反事業就成功了一大半。

　　在圍攻濟南之前，朱棣取得了不少勝利，他甚至有些沾沾自喜，直到遭遇鐵鉉這個硬骨頭後，朱棣才知道原來造反是那麼困難。朱棣想了許多辦法去攻打濟南，但都失敗了。這個時候，朱棣的壓力越來越大，他知道只要自己無法盡快攻克濟南，就再也不可能成功了。但是，朱棣怎麼也想不出能擊敗鐵鉉的辦法。

　　就在朱棣十分著急的時候，一個名叫姚廣孝的人出現了。他幫助朱棣打破了思維的慣性，找到了問題的根本所在。

　　姚廣孝有「黑衣宰相」之稱。他是個和尚，法名道衍。他在朱棣的造反事業中起了十分重要的作用。最初，是姚廣孝幫朱棣下決心造反。後來又是姚廣孝告訴朱棣，可以避開山東，從其他路線直取南京。只要拿下南京，就能登基為帝，到時候山東自然也是朱棣的，鐵鉉就會任憑朱棣處置。不過，這是個十分冒險的決策。

　　山東是個十分重要的地方，可以為朱棣攻克南京等地提供糧食等後援，是打持久戰的重要之地。如果朱棣決定繞過山東，就意味著他沒有後援，只能以快取勝。

　　不過，朱棣的勝算還是很大的。姚廣孝告訴他，京師兵力單薄，只要能打個措手不及，就一定能盡快奪取南京。於是，朱棣率兵一路向南京狂奔而去。

　　當一個人面臨巨大的壓力時，往往很難突破思維定式。因為在造成壓力的某個事件面前，人們只會滿腦子想著這件事情。該事件所造成的壓力就會轉變成思維定式的一堵牆，很難打破。

　　思維定式也被稱為「慣性思維」。思維定式的形成其實就是經驗的累積。當一個人在做某件事情有了一定的經驗後，就會產生慣性思維。思維

定式有一定的正向作用，可以幫助人用以往的經驗以最快的速度解決問題，不至於像個無頭蒼蠅一樣到處亂撞，避免因為盲目而浪費時間。

但思維定式也有其負面的一面，當要處理的問題性質發生變化時，以往的經驗就會成為解決問題的阻礙，而慣性思維也會束縛住人的頭腦，會像一面牆一樣擋住人的視線，讓人始終找不到解決問題的出口。

美國心理學家邁克曾經做過一個實驗，這個實驗就與思維定式有關。邁克在天花板上繫了兩根繩子，兩根繩子之間的距離超過了人的兩臂長。而邁克交給參與者的任務就是，把兩根繩子繫在一起。

通常情況下，人們會根據經驗用手臂把兩根繩子拉在一起，然後繫住。但由於邁克的刻意安排，如果參與者用一隻手抓住一根繩子，那麼他的另一隻手是無論如何也不可能抓住另一根繩子的，因為手臂不夠長。

但邁克準備了一個滑輪給參與者，參與者可以藉助這個滑輪把繩子繫在一起。參與者只需要將一根繩子繫在滑輪上，然後用力讓滑輪盪起來，同時迅速抓起另一根繩子，最後等滑輪盪到他面前抓住它就可以了，這樣就能把兩根繩子繫在一起了。不過邁克並未把滑輪的作用告訴參與者。實驗結果顯示，幾乎沒有參與者能解決問題，因為他們都被思維定式給困住了。類似的事情在日常生活中很常見。

東麗是家日本織物生產公司。一次，該公司在生產中遭遇了一個難題，即合成每根紗的五根線粗細分布不均。這就意味著，在生產中會產生大量的瑕疵品，最終會影響公司的效益。該公司的技術人員想了許多辦法，但還是無法解決這個問題。

這個時候，一個生產班長想到一個辦法，他認為既然無法解決五根紡線不均勻的問題，倒不如直接推出一個全新的產品，生產表面粗糙的織

物，就當給以往的消費者一個驚喜。最終公司採納了他的建議，把「瑕疵品」推向了市場，沒想到居然受到了消費者的歡迎。通常情況下，商家在處理瑕疵品時會採用降價銷售的方式，以期望能收回成本，但東麗公司只轉換了一下思路，就讓瑕疵品變成了暢銷品，還開發了一種新的織物推向市場。

在面對一個新問題時，如果想成功解決問題，就必須打破思維定式，推翻那堵經驗的「牆」。很多人之所以沒能取得成功，往往就是被思維定式這堵牆給困住了。而想要取得成功，就必須學會讓自己從壓力中解脫出來，從而從思維定式的束縛中掙脫出來。這需要我們不斷地自我暗示，並透過這種方式把自己的潛能發掘出來。

有一個著名的國畫家，擁有二十多年的繪畫經驗。後來他經歷了一次意外事故，雖然生命並無危險，但右手卻嚴重受傷，再也無法畫畫，這意味著他要與繪畫告別了。

這位國畫家在經歷了一段十分痛苦的時光後，決定嘗試用左手繪畫。國畫家練習了很長時間，終於做到用左手正常畫畫了。這個時候，國畫家有了更多令他驚喜的發現。由於左右手易位，他漸漸意識到以前畫畫時所遵守的條例規定其實並無必要。這些條例規定在他以前用右手畫畫的時候，根本就發現不了，因為這已經融入了他的工作和日常生活之中，已經是他意識甚至是潛意識的一部分。而當國畫家用左手畫畫後，才獲得了新的繪畫視角，讓他的繪畫水準進入了一個新境界。

想要突破思維定式，就必須學會從不同的視角去看待問題。在面對一個問題時，盡量想想看問題不同的角度，從而以不同的視角去看待同一個問題。一旦養成了這個習慣，想要打破思維定式就會變得非常容易。

　　此外，決心也是至關重要的。也可以說決心是在面對壓力時的信心。當我們陷入思維定式中，苦苦尋找，找不到解決問題的方法時，我們就會喪失信心，覺得自己能力有限，這又會替自己增加一層束縛，不敢去想，也不敢去做，這是最糟糕的。因此，我們一定要隨時注意自己的自信是否還在。一旦覺得自己無能為力了，就要用自我暗示的方式讓自己盡快振作起來。

　　執行力也很重要。我們身邊的人包括我們自己也是這樣的人，就是敢想不敢做。在腦袋中想想該怎麼做，很容易做到，也不需要努力，但如果付諸行動，就會有退縮的心理，害怕承擔失敗的後果。強化執行力，才能讓我們真正翻越困難這座大山。

‖ 正確對待焦慮情緒 ‖

　　小寧是個 34 歲的女性，有一份令人羨慕的工作 —— 在一所小學擔任副校長。最近，小寧被擢升為校長。職位上的升遷讓小寧十分高興，但同時也備感壓力頗大，因為校長有許多工作要去做，還要解決不少棘手的問題，例如校舍基礎建設、人事安排、薪資改革等。在這些方面，小寧的工作經驗並不豐富。在成為校長後的一段時間裡，小寧漸漸開始覺得力不從心，她開始思考是不是自己能力有限，根本不適合擔任校長。最終，小寧決定辭職。

　　但小寧的辭職想法卻遭到了許多人的反對，不論是家人還是朋友，甚至連老前輩都勸她不要輕易辭職，希望她能堅持下去，等漸漸適應了，就不會再有壓力。這樣一來，小寧開始陷入了痛苦和矛盾之中，變得焦慮不安起來。有時候，小寧的焦慮情緒會變得非常嚴重，例如半夜突然驚醒，會覺得心慌；怕到學校上班，直到下午才感覺好一點。小寧的焦慮情緒每到寒暑假等假期時，就會得到緩解，但隨著開學日期的臨近，小寧的焦慮情緒會越來越嚴重。在開學典禮快要開始時，本應該出現在眾人面前的小寧卻躲在辦公室裡，她覺得心慌，滿頭大汗，最後匆匆離開了學校。

　　在工作和生活中，每當我們面臨巨大的壓力時，總會出現緊張、恐懼、焦慮、憂鬱等情緒。這些負面情緒會使我們忍不住想要逃避現實，讓我們漸漸喪失自我調適能力，也會影響到我們與周圍人的關係，我們會變

得自閉，只想躲在自己的世界裡，認為只有那樣才是最安全的。就像案例中的小寧一樣，自從成為校長後，就覺得壓力巨大，只想待在家裡，一到學校就會覺得很不舒服。

嚴重的焦慮情緒有時甚至會影響一個人的生理狀況，例如案例中小寧所出現的半夜驚醒、心慌等症狀。但這些症狀並不是病理性的，是由負面情緒導致的暫時性的生理反應。如果去醫院檢查，就會發現其身體還是非常健康的。

壓力過大自然會讓人覺得焦慮，但壓力對我們來說同樣是必不可少的，是一種刺激手段。在一項心理學實驗中，實驗設計者為了觀察小白鼠在不同情景下的學習能力，便把小白鼠分別放進了有不同設定的迷宮中。其中第一組的小白鼠需要接受輕微的電擊，這種電擊不會產生痛感；第二組小白鼠則需要接受中等強度的電擊，會產生一定的痛感；第三組小白鼠所接受的電擊非常強，會產生十分劇烈的疼痛。實驗結果顯示，第二組小白鼠以最快的速度學會了走迷宮，而第三組小白鼠的表現卻很差，甚至表現出了對電擊的恐懼和焦慮。第一組小白鼠的表現則和平常沒什麼不同。

這個實驗結果說明，適當的壓力對我們來說是有益的，會產生鼓勵的效果，能提高學習以及工作的效率。但如果壓力過大，我們就很容易出現緊張等情緒，如會擔心自己無法勝任等，這些負面的情緒會分散我們的注意力，根本無助於提高我們學習或工作的效率。就好像實驗中的第三組小白鼠一樣，把自己的注意力都放在了躲避電擊上，根本無法集中注意力去走迷宮。

焦慮對我們而言，如同壓力一樣，只要是適當的，就會產生有益的影響。每當我們感覺到威脅的時候，就會出現焦慮情緒，這是一種本能，就

好像動物在感覺到有天敵接近時會出現焦慮情緒一樣。這個時候，焦慮所造成的作用是保護性質的，會讓我們提高警惕，遠離危險。一旦威脅解除，焦慮也應該隨之消失。這點對於許多動物來說是十分容易做到的，可是對人來說卻沒有那麼輕鬆了。很多時候，即使威脅消失了，焦慮也會一直折磨著我們。

當我們所承擔的壓力超過自身的承受範圍時，就會出現各式各樣的負面反應。這時，人們往往容易採用兩種極端的方式去處理這些負面反應。第一種極端的方式就是逃避，例如，當一個學生的學習壓力過大時，他就會逃避去學校上課。第二種極端的方式就是強迫自己去面對，把所有的注意力都放在這些負面反應上，強迫自己努力克服這種負面反應，這樣反而更容易讓自己變得更焦慮。

老吳是名司機，他的主要工作就是為老闆開車。雖然老吳的妻子沒有工作，他自己的薪資也不多，但好在還能維持基本的收支平衡。但是老吳卻有嚴重的焦慮症，每天都過得很壓抑。

在老吳上高一那年，他因個子瘦小被兩名男生欺負。他們把老吳的褲子給扒了，還把老吳的帽子扔到了樹上。事後很長一段時間，老吳只要一看見男生就會害怕，有時候晚上睡覺也不安穩。本來，老吳的課業成績還是不錯的，想著能考上大學為父母爭光，但自從那次事件以後，老吳的成績就開始下滑，這意味著老吳可能會考不上大學。老吳開始變得焦慮起來，他只能更加努力地學習，但學習成績還是不停地下滑。到了臨近大學考試時，老吳出現了頭痛、失眠、胃部不適等現象。

最後，老吳沒有考上大學。父母雖然很失望，但還是把老吳送到一所駕訓班，逼著他考取了駕照，並為他找了一份給老闆開車的工作。老吳本

以為自己會從此過上安定的生活，但他卻從未快樂過，一直很焦慮。在工作時，老吳會小心翼翼地隱藏起自己的焦慮，避免被老闆或同事看出端倪。回到家中，老吳就開始不斷地向父母或妻子抱怨自己的痛苦。漸漸地，家人開始無法忍受老吳，覺得他是沒事找事。老吳總覺得自己有病，到處找精神科醫生看診，治療焦慮的藥也吃了不少，但效果卻並不明顯。

不論是高一時的被欺辱，還是學習成績的下滑以及面對大考時的焦慮，這些對老吳來說都是壓力，都是需要承擔的。但這些壓力超過了老吳的承受極限後，他就有了許多焦慮症的症狀。而焦慮症的症狀除了影響人的心理狀態，還會影響人的生理狀態，例如出現心慌、胸悶等症狀，這會讓患者更加焦慮。這個時候，想要戰勝焦慮，就必須得學會重估焦慮，把引起自己焦慮的源頭找出來，這樣才能進行相應的心理調整。

在現實生活中，很少有人像老吳一樣讓焦慮情緒發展成為焦慮症。其實每當我們覺得焦慮的時候，都應採取適當的方式來緩解，例如正向的自我暗示，而不能像老吳一樣把焦慮累積起來。只有正向的自我暗示，才不會被焦慮症所困擾。

除了心理暗示，緩解焦慮的方式有許多種，其中畫畫是一個不錯的選擇。在心理學上，繪畫是一種有效的治療方法。心理諮商師可以透過來訪者繪畫的內容來窺探來訪者真實的內心感受，因為繪畫的內容會投射出來訪者的心理狀態。來訪者透過心理諮商師的分析，恍然意識到自己的問題所在。而且，在繪畫的過程中，人的壓力也會得以排解。

不過這種繪畫治療技術卻存在一定的局限性。首先，我們不可能每當有焦慮情緒的時候就去找心理諮商師。其次，有不少人的繪畫技能確實不怎麼樣，怎麼畫都好像和自己想像的不一樣。因此，我們就更需要一種簡

單方便的繪畫方式來達到解壓的效果，而現今流行的手繪著色書則成了大多數人的選擇。許多人都表示，在為著色書上完顏色後都能體會到一種成就感。

　　雖然手繪著色書的圖案都是設計好的，但我們卻可選擇塗上不同的顏色。要知道，色彩可以直接影響我們的情緒體驗。例如，紅色給予人熱烈的、歡快的感受；白色使人覺得純潔；黃色類似於太陽的光輝，讓人覺得暖暖的；綠色給予人朝氣蓬勃的清新感。最後我們需要注意，在為著色書上色的時候，最好選擇像紅色、黃色這樣的暖色調，避免選擇深藍、灰色這類會讓人覺得壓抑的色調，因為不同的色彩也會給人不同的心理暗示。

Part 3
暗示與健康
—— 超乎想像的自癒力

　　我們的大腦是一個神奇的武器，我們可以任由其支配，也可以選擇支配它，這就需要心理暗示的輔助。只有我們樂觀向上，我們的大腦才會向身體發出正向的訊號，我們才能健康長壽。相反，如果大腦只是向身體輸出負面的訊息，那麼我們的健康也會變差。

‖ 靈丹妙藥還是致命毒藥 ‖

賴特是一名淋巴癌的患者，在發現淋巴腫瘤時已經是晚期了，雖然他有十分強烈的求生欲，但他的醫生卻告訴他，他的生命還剩下不到一週的時間。

在聽到醫生的診斷後，賴特十分沮喪和憤怒，他覺得自己還這麼年輕，他甚至開始抱怨上帝的不公平。就在賴特感覺十分糟糕的時候，他得到了一個令自己振奮的消息，醫學界在治療淋巴癌上新發明了一種藥 —— 克力生物素。賴特似乎看到了活下去的希望，他覺得克力生物素一定能治好自己的病。

賴特立刻去找醫生，希望醫生能給他注射克力生物素。賴特的要求讓醫生很為難，克力生物素在治療淋巴癌上的確有不錯的效果，但前提是患者必須還有至少三個月的壽命，像賴特這樣已經上了死神黑名單的淋巴癌晚期患者，即使使用了克力生物素，也不會有療效。最後，醫生在賴特的反覆央求下為他注射了克力生物素。但醫生認為，賴特這完全是垂死前的掙扎，醫生甚至斷定，賴特最多只能撐到週末。

到了週一，這名醫生上班後立刻到賴特的病房去，結果他撞見了賴特下床散步的一幕。這讓醫生十分吃驚，根據他的經驗，像賴特這樣的淋巴癌晚期患者，應該躺在病床上等待死神的降臨。不過醫生馬上反應過來 —— 賴特的病情開始好轉了！醫生立刻為賴特安排了檢查。檢查結果

顯示，賴特體內的腫瘤縮小了，大小只有原來的一半。醫生認為，這極有可能與賴特所注射的克力生物素有關。其實，賴特也是這麼認為的。在賴特看來，克力生物素就是他的救命藥。賴特的病情一直在不斷地好轉，十天後，賴特出院了，因為他的身體已經恢復了健康。獲得新生的賴特，把所有的功勞都歸結在克力生物素上，不斷地向醫生稱讚克力生物素的功效。

賴特成功戰勝淋巴癌的奇蹟，立刻引起了醫學界對克力生物素的研究，但研究的結果卻讓人很失望 —— 克力生物素只是一種很普通的對抗淋巴癌的藥物。也就是說，賴特之所以能戰勝淋巴癌，並不是因為克力生物素。

賴特的醫生認為，這種奇蹟其實與克力生物素沒有多大關係，應該是賴特的心理因素的作用。為了驗證這個猜測，醫生找到賴特並告訴他，上次所使用的克力生物素由於運輸途中出了一點差錯，藥效降低了不少。現在，醫院進了一批新的克力生物素，比之前的濃度更高，也更為純淨。賴特一聽立刻表示自己願意注射新的克力生物素。事實上，醫生給賴特注射的只是很普通的蒸餾水。不久，奇蹟再一次在賴特身上出現了，他體內的淋巴腫瘤消失了，就連胸腔內的積液也沒有了。在接受注射後的幾個月內，賴特的身體一直很健康。

當賴特的醫生把自己的發現報告給美國醫學協會後，美國醫學協會做了一個決定，即向全國宣布，克力生物素對治療淋巴腫瘤毫無效果。而這個消息恰恰傳到了賴特的耳朵中，賴特立刻對治療失去了信心，他的體內長出了新的淋巴腫瘤。兩天後，賴特就因淋巴腫瘤去世了。

賴特的經歷在許多人看來，就好像戲劇一樣不真實，但這卻是真實的事情。賴特體內的腫瘤之所以會奇蹟般地消失，完全是賴特的自我暗示在

發揮作用。他一直不斷地暗示自己，他已經注射了「神藥」克力生物素。而痊癒後的賴特之所以會迅速長出腫瘤，並在兩天後死去，也是暗示在發揮作用。在美國醫學協會公布的資訊中，賴特知道克力生物素只是一種很普通的藥物，根本不會神奇地治癒淋巴腫瘤。這樣一來，賴特就會產生許多負面的情緒，會刻意放大腫瘤對自己身體的影響，從而陷入巨大的痛苦和自己想像的恐怖中。對於賴特來說，暗示既是拯救他生命的靈丹妙藥，也是置他於死地的毒藥。

不過，賴特的案例並不常見，因為像賴特這樣容易緊張且想像力又豐富的人並不是隨處可見的。根據賴特的種種表現，我們還可以得出一個結論，賴特是個受暗示性很強的人。雖然並不是每個人都有很強的受暗示性，但每個人都會受到暗示的影響，這是不可否認的。

對於一個普通的身體健康的人來說，雖然我們經常會因日常生活中的瑣事煩惱，但不會擔心自己會患上十分嚴重的疾病。這是一種良好的心理狀態，有利於免疫力的平衡。但如果一個人總是關注自己的身體健康狀況，就會不斷地擔心自己會患上某種嚴重疾病。這會形成負面的暗示，會使一個人的免疫力降低。

很多懷疑自己患病的人都有這樣的經歷：上網或去圖書館檢視和病症相應的文章或書籍，然後比照上面所羅列的症狀，就越來越確信自己真的得病了。還有一些人會經常瀏覽一些和健康養生有關的文章，例如，注意身體的某種訊號，暗示身體會得癌症。看過這些文章後，許多人難免會對號入座，懷疑自己得病了。事實上，這些文章大多是唬人的，看過後會對人產生負面的暗示，而負面的暗示才是妨礙身體健康的最大隱患。

這種總懷疑自己患上了某種重病的心理發展得嚴重了，就會變成一種

病態心理，即疑病症。疑病症的患者經常會有些在許多人看來十分荒唐的念頭，但對疑病症患者來說得重病的恐懼卻是實實在在的。疑病症的患者總會懷疑自己患上某種重病了，即使掉根頭髮也能和癌症連繫起來。他們會隔三差五去醫院做徹底的檢查，好像不去醫院就會錯過最佳的治療期一樣。即使醫生告訴他「你的身體很健康，沒毛病」，疑病症的患者也不會相信。

如果一個人經常懷疑自己患了重病，就會經常聯想到死亡，會無意識地暗示自己命不久矣。在這種負面的暗示下，即使再健康的身體也會慢慢變得體弱多病起來。即使一個人的身體真的患病了，正向的心理狀態對治療疾病也是十分重要的。如果一個患病的人總是正向地暗示自己，想像一些自己恢復健康後的畫面，身體的免疫力在一定程度上會得到提高，從而有利於疾病的治療。

許多人都聽過這樣一個故事：有兩個病人，他們的病床分別對著不同的窗戶。其中一個病人的窗戶對著一面牆，另一個病人從窗戶望出去是一片綠色的草地，草地上經常有孩子在嬉戲。一段時間後，能看到綠色草地的病人恢復得很好，而那個總是對著牆的病人的病情卻在持續惡化。這個故事充分說明了正向暗示對人的身體健康的重要影響。

‖ 身心的不可分割性 ‖

　　人的心理作用會對身體機能產生顯著的影響，也就是說人的身心是相互連繫且相互影響的，是一個不可分割的整體。很多人都有這樣的體驗，當回想起過去某件可怕的事情或者是瀏覽新聞看到災難性事件時，就會感到恐懼或焦慮。這說明，我們的想像會影響我們的情緒。如果這種負面的情緒一直持續，一定會影響我們的身體健康，甚至會出現相應的病痛症狀。

　　反過來，人的身體如果真的出現了問題，也會使人產生負面的情緒。在醫院這種情況十分常見，許多人知道自己患上某種疾病後，都會變得焦慮和恐懼。

　　雖然人的心理和生理是相互影響的，但心理因素還是占據主導地位的，我們可以透過心理作用來控制自己的身體狀況。當然，如果這種心理作用是負面的，就會出現與我們意願相背離的效果。心理之所以能作用於生理，是因為我們會在暗示的作用下讓自己的潛意識接受某種想法。

　　1998 年 11 月 12 日的早晨，美國田納西州華倫郡的一所中學出現了 100 名師生中毒事件，他們紛紛表示自己有渾身乏力、頭暈、噁心、嘔吐等症狀，有的人甚至覺得自己呼吸困難。經過搶救，大部分人都脫離了危險，但其中的 38 位患者因為病情嚴重，被醫生留在醫院觀察。

　　為了調查中毒的原因，美國警方迅速地查封了學校，並對學校的空

氣、水和物體表面取樣，讓專家化驗。化驗的結果讓人很意外，沒有發現能引起人體中毒的可疑物質。

此外，警察還向一些中毒的當事人詢問了情況。最先感覺到中毒的是一名女教師，她在上課時突然聞到了一股類似汽油的味道，隨後就感覺到了頭疼、頭暈和噁心。很快，班裡的一些學生也開始不舒服。這種症狀漸漸在學校內蔓延開來，甚至還影響到一名來接孩子回家的家長。

幾天後，出現中毒症狀的 100 名病人都恢復了健康，透過檢查也沒有發現後遺症。學校和警方都覺得這是一次意外事件，好在沒有人員傷亡，就不再調查原因，通知恢復正常上課。

但到了正常上課的那一天，類似的中毒事件再次出現，有 71 個人中毒並被緊急送入醫院接受治療。這時，學校和田納西州政府才意識到問題的嚴重性，並把該事件報告給了聯邦政府。

美國疾病控制中心很快派出調查小組來到了田納西州。調查小組首先檢查了中毒病人的身體，採集到了病人的血樣和尿樣，希望能從樣本中發現常見的有毒物質，但卻什麼都沒發現。

同時，美國環境保護署則開始從學校的環境入手，仔細檢查了學校周邊工廠的排汙現象以及學校周圍的空氣品質，甚至連學校內的建築材料、供水系統、排汙系統都檢查過了，但依舊什麼都沒發現。

此次中毒事件還引起了心理學家的重視。一個月後，學校出現了幾名心理學家，他們還帶來了一些調查問卷。透過調查，心理學家發現，中毒的學生中有 69％ 都是女生，而且大多數都看過別人中毒時的樣子。透過調查問卷，心理學家還發現，大多數中毒的患者都能清楚地描繪自己所聞到的毒氣的味道，所使用的形容詞也是花樣百出。

一年後，該中毒事件的原因終於有了一個定論，專家們認為這是一起典型的「群體癔症」事件。之所以會出現這種集體中毒的事件，並不是因為患者聞到了有毒氣味。事實上有毒物質是根本不存在的，他們只是受到了一種強烈的中毒暗示。在這種暗示作用下，身體便會出現中毒後的症狀。而且在這次事件中，中毒的患者大多數是女生，這是因為女性比男性更感性，更容易受到暗示的影響。

負面心理暗示會影響人的身體健康，這個結論已經得到了醫學界的公認，一個人如果總是把注意力集中到某種疾病的症狀上，那麼他的身體就更容易出現生理病症。在疾病的治療上，醫生也都十分重視患者的心理狀況。如果患者總是不停地對自己下達正向暗示，相信自己一定能戰勝病魔，那麼這種正向暗示就會使他的免疫力得以改善，抑制疾病的進一步惡化，甚至幫助他恢復健康。

有這樣一個極端的案例。當事人是個多重人格障礙患者，會以不同的人格來展現自己。當事人其中的一種人格是患有糖尿病的，另一種人格是沒有糖尿病的。每當當事人的人格切換到糖尿病患者後，他的生理指標就會發生變化，他的血糖會升高，會表現出糖尿病的症狀；而當他的人格切換非糖尿病人時，他的血糖指數就會恢復正常。

當然，像上述案例中這樣極端的現象在現實生活中是比較少見的，但類似的心理影響生理的現象卻很常見，而且心理暗示在影響生理狀態方面總是能奏效。

在一項實驗研究中，實驗組織者找來了 34 名身心健康的大學生，並告訴他們接下來他們需要接受電擊，電流會通過他們的腦部，他們會出現頭疼的感覺，但並不會對大腦產生負面影響。實際上，這只是實驗組織者

的謊言，他根本不會對參與者實施電擊。結果是有超過三分之二的參與者都表示自己被電擊得頭疼。

　　由此可見，人的心理與生理是緊密連繫在一起的。而積極樂觀的人的身體狀況也多是健康的，反過來如果一個人總是憂鬱和焦慮，那麼他就會變得體弱多病起來。

‖ 大腦是我們的總指揮 ‖

　　約翰自從臀部長了惡性腫瘤後，就開始入院接受治療。但醫院的治療手段並未阻止惡性腫瘤的持續惡化，約翰的病情變得越來越嚴重，他的臀部已經開始下陷，幾個月後只剩下了一些軟組織。這個時候，等待約翰的只剩下死亡了，醫生不再相信約翰能恢復健康。而約翰自己雖然不再相信醫生的治療，但還想活下去。這個時候，約翰得知了一個消息，他聽說盧爾德有一個聖水池，是上帝賜予人類的，信徒只要經過聖水池的洗滌，就一定能得到上帝的保佑。

　　抱著最後的一線希望，約翰來到了聖水池，並在他人的攙扶下到聖水池裡沐浴。第一次沐浴給約翰的感覺很神奇，他似乎感覺到了身體內有一股熱流在遊走，他相信自己得到了上帝的召喚。約翰在經過了數次的洗浴後，他體內的腫瘤漸漸變小，身體也開始逐漸恢復健康。兩個月後，約翰甚至開始站立行走。

　　該如何解釋發生在約翰身上的奇蹟呢？是上帝的庇佑，還是盧爾德的聖水池內含有特殊的礦物質，幫助約翰戰勝了病魔呢？都不是，製造奇蹟的原因就在約翰的大腦中。是約翰在聖水池傳說的影響下，形成了強烈的自我暗示，而他的大腦則開始下達治癒的命令。

　　在治療疾病上，許多醫院或醫生都會忽略心理作用，因為心理作用往往帶著某些欺騙的意味，就像上述案例中的約翰一樣，那個聖水池只是普

通的水池，但卻被人說成是上帝賜予的聖水池。對於醫生來說，在為病人治療疾病的過程中，客觀公正的態度是很重要的。而且一旦謊言被揭穿的話，這種讓病人恢復健康的心理暗示就會立刻失去作用，病人的健康狀況會急遽地惡化。雖然許多醫生不贊成將心理暗示運用到治療中，但他們卻承認心理暗示有一定的治療作用。

在一項實驗中，實驗組織者找來了一些憂鬱症患者，這些患者平時都有服用抗憂鬱藥的習慣。實驗者會把患者隨機分成兩組，其中一組會吃下抗憂鬱藥物，而另一組則會吃下一種外表看起來和抗憂鬱藥十分相似但實際上卻是糖丸的「藥片」。由於保密工作做得不錯，患者和醫生都不知道抗憂鬱藥被調包了。實驗結果顯示，糖丸居然造成了抗憂鬱藥物的作用。而大腦影像所顯示的結果也讓人很吃驚，服用糖丸和抗憂鬱藥物的患者，大腦活動的活躍區域是相同的。這說明，在心理暗示的作用下，我們的大腦會受到心理作用的影響。

除了大腦，我們的生理變化也會受到心理暗示的影響。在一項實驗中，醫生在患者的皮膚疣上塗了一層顏色鮮亮的惰性染料，這種染料會漸漸消失。而醫生告訴給患者的是，這是一種新發明的藥物，當藥物的顏色褪掉時，皮膚疣也就會消失。實驗結果顯示，不少病人的皮膚疣都消失了。這個結果說明，心理暗示有時候會造成和真實藥物相同的治療作用。

雖然心理暗示能創造許多奇蹟，但很多人還是質疑心理暗示的療效。一些懷疑者認為，心理暗示所產生的治療作用只是一種傳說，是誇大其詞或偶然事件。

其實在心理暗示的治療中，信任發揮著至關重要的作用。在醫生和患者之間的關係中，信任也是同樣重要的。如果患者根本不相信醫生的醫術或是現代醫學的力量，哪怕只是有些質疑，都會影響治療的效果。

　　這種現象在我們的生活中也十分常見，例如，當我們去看病時，總會找年齡大的醫生，好像花白的頭髮就象徵著豐富的治療經驗。還有許多人在看病時有專家情結，認為專家就是權威，有高明的治療技術。其實，當患者相信了醫生高超的醫術後，他的病情就已經開始得到抑制。

　　在1980年代，菲律賓曾經盛行一種無創傷的巫醫手術。這種手術十分神奇，能幫患者取出體內的腫瘤，但又不會在患者身上留下傷口。對於當時醫療技術落後的菲律賓來說，這種巫醫手術十分受歡迎，不僅無痛，還不用冒著大出血或感染的風險。

　　諾林博士在聽說了這種神奇的治療方式後，十分好奇，專門到菲律賓去觀察幾位非常有名的巫醫，看看他們到底是如何做手術的。諾林找到了一個名叫焦伊‧梅卡多的巫醫，並告訴他自己有高血壓，而且引起高血壓的原因可能是腎病。諾林並沒有欺騙梅卡多，他真的有高血壓。

　　隨後，梅卡多便開始為諾林做「手術」。這個治療過程在當地人看來是十分神奇的，但在諾林看來卻有點滑稽，因為諾林看穿了巫醫的小把戲。起初，梅卡多會偷偷從手術檯的下面拿出一些某種小動物的腸子或肉，並藏在手裡。然後，梅卡多就開始給諾林做推拿，會把雙手壓在諾林的腹部肌肉上。最後，梅卡多就會將手中藏著的小動物的腸子或肉公之於眾，並宣告他已經切除了諾林身體內有害的組織。梅卡多會隨手把這塊東西扔到聖餐檯後面的一個一直燒著酒精的鐵罐裡。諾林從梅卡多的助手那裡得知，這個有害組織就是長在他左腎上的腫瘤。但這個謊言根本無法欺騙諾林，諾林是個專業的外科醫生，他見過各式各樣的腎臟，而被梅卡多切下的所謂腎臟上的腫瘤，只是一塊雞肉罷了。

　　這個騙局還有十分關鍵的一步，就是巫醫會代替患者處理掉所謂的有

害組織。這樣，就無人得知那些有害組織其實就是動物的肉。

雖然這種巫醫手術只是一種騙局，但每年還是有數以千計的人從世界各地到菲律賓去接受這種無痛手術。這說明，雖然這只是一種騙局，但還是有患者能感受到治療效果的，而這種治療效果就是心理暗示在發揮作用。

人的大腦是一種十分神奇且複雜的組織，正因為有了大腦，人類才能成為食物鏈的終結者，才能脫離地球的引力到月球上去。而自由意志也恰恰是人類所自詡的優勢，可是我們的大腦並非永遠受到我們自己控制。有時候，我們的大腦會欺騙我們，我們會在心理暗示的作用下，產生失真的體驗，也就是說，人的感官並不是完全可信的。

在治療癌症時，化學療法通常是醫生和患者經常採取的一種治療方式。化學療法有一定的療效，可以殺死不斷繁殖的癌細胞。但化學療法也有很多副作用，會殺死患者正常的細胞，導致患者出現掉髮等現象，還會引起噁心和嘔吐。在一項實驗研究中，實驗組織者就告訴患者他們接下來要接受化學療法，實際上卻根本沒有實施。結果有三分之一的患者出現了脫髮的症狀，五分之一的患者有噁心和嘔吐的體驗。這充分說明，在心理暗示的作用下，我們的大腦會下達相應的指令，這個指令會影響我們的身體和感受。

在我們的大腦中，既有負責傳遞訊息的神經，也有負責輸出訊息的神經，而且後者是前者數量的十倍。也就是說，我們的大腦在接收神經傳遞的訊息後，會對其解讀。這個解讀的過程可以是客觀的，也可以是主觀的。一旦我們的大腦被說服了，客觀的感受就會被大腦和身體所忽略。我們的大腦和身體經常透過激素來產生互動，而這個互動的過程其實就是大

腦在控制身體和身體的感受影響大腦。

　　總之，我們的大腦是一個神奇的武器，我們可以任由其支配，也可以選擇支配它，這就需要心理暗示的輔助。只有我們樂觀向上，我們的大腦才會向身體發出正向的訊號，我們才能健康長壽。相反，如果大腦只是向身體輸出負面的訊息，那麼我們的健康也會變差。

|| 消除不確定性的隱患 ||

　　安娜是個普通的職員，同時還是兩個孩子的母親。每天下午，安娜下班後都會匆匆趕回家中做家務和照顧孩子。安娜在做家務的時候很喜歡開著電視，邊做家務邊看電視。安娜常看的電視節目是新聞頻道，雖然安娜只是將電視當作背景音，但電視裡所播放的新聞總是能輕易引起她的注意，尤其是一些負面新聞，例如綁架案或自然災難等。有時候，新聞裡還會播放一些和孩子相關的內容，例如某個小孩因為父母的忽視意外受傷或死亡等。每當看到這些新聞時，安娜就會忍不住聯想到自己的孩子，總覺得心驚膽跳。

　　漸漸地，安娜開始意識到這些負面新聞對她所產生的負面影響，她的心情會因為這些負面新聞而變得糟糕，也會忍不住想吃點東西來緩解自己的焦慮。意識到這一點後，安娜就開始主動放棄看新聞，而是選擇一些氣氛歡快的電視節目作為背景音。一段時間後，安娜的心情明顯變好了。

　　人的注意力總是會輕易地被帶有恐懼、災難色彩的事件所吸引。這其實是人的本能之一，在人類還在茹毛飲血的時候，只有當天敵來臨時，人的注意力才會高度集中，並警惕起來。相反，如果在安全的環境下，人的注意力往往很難集中起來。這一點在收看新聞的行為上也適用，我們總會被帶著恐懼色彩的新聞標題所吸引。

　　在解讀一部文學作品的時候，我們常常會說「一千個讀者就有一千個

《哈姆雷特》（*Hamlet*）」。其實恐懼也一樣，每個人所恐懼的對象都是不同的。例如，有的人恐懼毛茸茸的動物，這在有些人眼中是不可思議的，因為他們看到毛茸茸的動物都會覺得很可愛。不論每個人恐懼什麼，但在面對死亡時，每個人都會恐懼，這是我們的共性。

如果一個人總是關注負面新聞，例如恐怖襲擊或區域性戰爭等，就會產生對死亡的恐懼，從而出現無力感。而這種無力感，恰恰來自人類對不確定性的恐懼。

雖然我們每個人的終點都是死亡，但對於大多數人來說，死亡是那麼遙遠，是用不著提前焦慮的。但如果有人懷疑自己的身體健康出現了問題，那麼這種對死亡的焦慮就會提前，於是就會在這種負面的心理暗示下，產生疑慮、焦慮和恐懼的情緒。這種情緒其實並不單單是對身體健康的擔憂，更多的是對不確定性的恐懼。

哈佛大學醫學院的埃爾韋·拉朗曾經做過一項調查研究，調查結果就證明了不確定性帶給人的焦慮更為嚴重。埃爾韋向 112 名接受乳房檢查的病人分發了調查問卷，這份問卷就是專門測試病人的情緒狀態的，以驗證他們的焦慮和憂鬱水準達到了何種程度。

這些參與者都是因為發現了乳房有結節或腫塊前來接受檢查的。也就是說，患者乳房內的結節或腫塊可能是乳腺增生，也可能是惡性腫瘤。

結果顯示，患者在等待檢查結果的時候，其焦慮和憂鬱情緒是最嚴重的，甚至會超過已經確診為惡性腫瘤的患者。這說明，當一個人處於一個不確定的環境中時，他的情緒會變得十分糟糕。

人的恐懼情緒也和不確定性有著密切的連繫。人為什麼會產生恐懼？通常是在面臨危險時，不過前提條件是危險並未發生。如果危險已經發生

了，那麼恐懼的情緒就會轉變成悲傷。

想像這樣一幅畫面：有一位年輕的女性，在晚上下班後，獨自一人走在回家的路上，她突然發現後面好像跟著一個男人。這個時候，這位年輕的女性一定會十分恐懼，她會變得警惕起來，心跳也會陡然加速。之所以會出現這樣的反應，是因為她不確定那名陌生的男子到底會做什麼。男子可能會對她圖謀不軌，也可能只是正好和她住在同一個社區。

人對疾病不確定性的恐懼類似於上述情況。如果一個人出現了不舒服的症狀，然後又恰巧看到一篇文章中描寫了具有該症狀的疾病，難免會產生懷疑，會警惕自己的身體健康，但又不太確定，於是就會出現恐懼，會覺得很有壓力。這個時候，最好的辦法就是去醫院檢查。檢查的結果會打消他心中對疾病的不確定性。不過前提是必須相信醫生的診斷結果，不要自己胡亂猜測。

‖ 出乎意料的安慰劑 ‖

　　畢闕（Henry K. Beecher）是個美國麻醉師，在第二次世界大戰中，畢闕成了一名戰地醫生，到歐洲戰場去參戰。在攻占義大利南部海灘的戰役中，美軍中產生了大量傷兵，而後方的鎮痛劑漸漸用完了。當傷兵因受不了疼痛向醫護人員索要鎮痛劑時，護士只能為他注射鹽水，並撒謊告訴他，現在為他注射的是強力鎮痛劑。接下來，令畢闕震驚的一幕發生了，傷兵不再號叫，看起來疼痛止住了。這說明，生理鹽水造成了強力鎮痛劑的作用。

　　戰爭結束後，畢闕回到了美國，並開始一系列相關的藥物療效實驗，並將實驗報告發表在了《美國醫學會雜誌》（*The Journal of the American Medical Association*）上，文章的標題就是「強力安慰劑」。畢闕認為，當一個人決定吃藥時，這種行為就已經具有一定的治療作用，他把這種現象稱為安慰劑效應，即病人雖然接受了無效的治療，但卻因為相信治療有效，從而使症狀得到減輕的現象。安慰劑效應也被稱為假藥效應。

　　此外，畢闕還描述了數十個常規藥物的藥效和安慰劑效應類似。畢闕認為，只有當藥物藥效的作用超過安慰劑效應時，才能真正發揮作用。

　　最早運用安慰劑效應的醫生出現在 18 世紀後期，他的名字叫伊萊莎‧珀金斯（Elisha Perkins）。他還專門申請了一項專利，不過這項專利看起來與安慰劑效應沒什麼關係，是一種醫療器械的專利 —— 牽引棒。

牽引棒是一根普通的近 8 公分長的金屬棒，由鋼鐵和黃銅混合而成。但珀金斯卻說，牽引棒是一根由特殊材料製成，並且有神奇作用的金屬棒。當病人來找珀金斯治病時，珀金斯首先會向病人介紹神奇的牽引棒，然後再把牽引棒放到病人疼痛的部位來回地滾動，20 分鐘後，滾動就會結束。治療結束後，病人的體驗往往都很不錯，大部分人都表示疼痛有所緩解。

珀金斯利用牽引棒賺了很多錢，也成功引起了許多醫生的注意，很多醫生紛紛開始懷疑牽引棒是否真的像人們所說的那樣有著神奇的作用。一位英國的醫生約翰‧海加斯也很懷疑，便自己用不同的材料製作了一根新的牽引棒，並向病人施加相同的治療，結果產生了像珀金斯牽引棒那樣的療效。因此，海加斯認為，病人之所以覺得疼痛緩解，並不是因為牽引棒，只是心理暗示在發揮作用。

2006 年，哈佛醫學院進行了一項和安慰劑效應有關的實驗。實驗組織者找到了 270 名有慢性上臂痛病症的患者，並將他們分成兩組，分別接受不同的治療方式。

第一組參與者口服一種新藥物，實驗組織者告訴他們，這種藥是新研發的，藥效很不錯。所有參與者每天只需要服下一粒藥就可以，要連續吃 8 個星期。實驗組織者還告訴參與者，這種新藥有一定的副作用，會出現嗜睡、口乾、失眠、頭暈等症狀。

第二組參與者則接受針灸的治療方式，每週兩次針灸，一共 6 個星期。實驗組織者告訴參與者，針灸雖然有不錯的療效，但會引起疼痛，即使拔針後也可能會出現持續的疼痛感，甚至還會出現區域性紅腫。

當實驗進行了兩個星期後，開始有三分之一的患者向實驗組織者報告

說自己出現了副作用。而且第一組患者的副作用都是失眠、無力或噁心，與實驗組織者之前告訴給他們的相吻合。第二組患者的副作用都是疼痛，或者有紅腫現象，同樣與實驗組織者之前所陳述的相似。更讓實驗組織者吃驚的是，所有患者都報告自己上臂疼痛的症狀得到了緩解，只是有的患者治療效果好，有的效果不那麼明顯。

這個結果似乎說明了不論是新藥還是針灸，都對治療上臂疼痛有效果。但患者們不知道的是，他們被實驗組織者欺騙了。第一組參與者所服用的根本不是什麼新研發的藥物，只是普通的玉米粉。第二組參與者所接受的針灸也是個騙局，那些所謂的針，雖然和普通針灸所使用的針看起來一模一樣，但卻是經過特殊處理的，只要針一接觸到皮膚，針尖就會自動縮回去。也就是說，患者的皮膚根本不會被針扎入，而所謂的按照穴位扎針也只是謊言。

上述實驗現象之所以會出現，完全是因為安慰劑效應，是患者的心理暗示在發揮作用。這種安慰劑效應在我們的生活中也十分常見，例如色彩對人的心理會產生一定的影響。

色調主要分為兩種，即暖色調和冷色調，不同的色調除了會對人的視覺造成影響外，還會給人帶來不同的感覺體驗。當一個人進入一個冷色調的房間後，會有涼爽或平靜的感覺；如果走入的是一個暖色調的房間，就會產生溫暖或放鬆的感覺。

在醫學上，影響安慰劑效應的因素有很多。首先是醫生的態度和交流方式。在 2008 年，哈佛醫學院的一項實驗研究就證明了醫生的重要性。參加實驗的都是患有同一種病的患者，他們被分成三組。其中第一組的患者作為對照組存在，不做任何干預。第二組和第三組的參與者都接受假針

灸治療。第二組醫生對患者的態度不冷不熱，而為第三組參與者「扎針」的醫生會主動用溫暖、鼓勵的言語和患者交流，並表現出對治療極有信心的樣子。

6 個星期後，實驗組織者開始統計患者的感受，看看有多少人的症狀得到了緩解。結果顯示，第一組參與者中有 28% 的患者表示症狀有所緩解，第二組參與者中有 44% 的患者症狀出現緩解，第三組症狀緩解的參與者則達到了 62%。這個結果說明，想要安慰劑效應發揮作用，醫生和患者之間的關係是十分重要的，尤其是患者對醫生的信任，更能促進安慰劑效應的療效。

其次，診室的環境甚至藥物的顏色都會影響患者的治療效果。研究顯示，當抗憂鬱藥物的顏色是黃色時，治療效果更佳；興奮劑是紅色時，效果更好；抗焦慮藥物是綠色時，往往能產生更好的效果；抗潰瘍的藥物最好是白色的。

再次，藥物的價格也會影響安慰劑效應。人們在購物時，常常有這樣的感受：「好貨不便宜，便宜沒好貨。」當一個人購買一件商品時，如果花了大筆錢，就會特別珍惜它，會覺得它的品質好。藥物也是如此，人們會覺得藥越貴，藥效就越好。

辛辛納提大學曾做過一個相關的實驗，參與者是 11 名帕金森氏症患者。實驗組織者將這些患者分成了兩組。在實驗開始後，所有患者每天都會得到一粒緩解症狀的藥物。其中第一組患者的藥物和平常吃的沒什麼兩樣，實驗組織者告訴他們這些是比較便宜和常見的藥物。而第二組患者所得到的藥物是安慰劑，但實驗組織者卻告訴他們，這些藥片是剛研發出來的治療帕金森氏症的特效藥，藥價比普通藥物要高出整整 15 倍。實驗結

果顯示，第二組參與者的症狀恢復得更快、更好。這個實驗結果充分說明了藥價對安慰劑效應的影響，因為每位患者在服藥前，都會抱著一定的期待心理，當藥物越貴時，這種期待就會越大，而安慰劑效應所產生的影響也就越大。

安慰劑效應除了在疾病治療上會造成作用外，同時還有利於降低副作用。例如，在癌症治療中，常用的治療手段是化療，而傳統的化療會對患者產生很大的毒副作用。如果在病人接受化療時，醫生選擇隱瞞，告訴病人只是在接受普通的藥物治療，那麼副作用就會減輕許多。

安慰劑效應除了在服用和注射藥物上會發生作用外，有時候在手術中也會產生奇妙的作用。在一項研究中，醫生為有軟骨撕裂的病人做手術。其中第一組患者接受真正的手術，而對第二組患者則只有簡單的麻醉，醫生會模擬整個手術流程，但實際上根本不給患者做手術。結果顯示，兩組患者的病情都有所好轉。

安慰劑之所以能產生某種治療效果，還有很關鍵的一點，即接受安慰劑治療的病人是不知情的，他們不知道自己所服用或注射的藥物是沒有藥效的安慰劑。只有這樣，安慰劑才能產生出乎意料的作用。

此外，基因也會影響安慰劑的效果。安慰劑之所以能造成治療的效果，與我們大腦中所分泌的一些化學物質有密切的關係，而這種化學物質其實就是天然的鎮痛劑，和鴉片、大麻之類的藥物所產生的作用類似。這種由人腦所分泌的化學物質被稱為多巴胺，會使人產生快樂的感受。而多巴胺的分泌會受到基因的影響，安慰劑的效果因此也會受到基因的影響。也就是說，有的人的基因決定了他更容易受到安慰劑的影響。

安慰劑效應甚至會被運用到醫療詐騙中。例如，有的商家所售賣的保

健食品只是一些很簡單的營養液，卻被吹噓成包治百病的靈丹妙藥。這其實就是在變相地使用安慰劑效應。雖然安慰劑效應有著神奇且出乎意料的作用，但這並不意味著安慰劑就是萬能的，有些時候安慰劑並不會產生人們所期待的效果。

Part 4

暗示與潛能
── 喚醒沉睡的巨人

　　每當我們面臨自認為有威脅的情景時，總會產生心理上的退縮，不斷透過想像來讓自己變得更加恐懼。很多時候，我們都是被自己擊敗的。想像對一個人的影響十分巨大，越是害怕什麼，腦子裡就越會想什麼，結果這種想像就會對我們產生心理暗示，最終影響到我們的心態乃至行為。

‖ 為我們的心「上保險」 ‖

　　奧利維拉是名優秀的雜技表演者，他最擅長的表演就是高空走鋼索。有一次，奧利維拉在一條人流量很大的街道高空出現。從下面看起來，奧利維拉就好像懸在半空中行走一樣。這次的表演雖然看起來驚心動魄，但卻讓奧利維拉名聲大振，只要提到高空走鋼索，人們就會想到奧利維拉。

　　像所有的普通人一樣，當奧利維拉站到高空中時也會非常恐懼，在他剛剛學習走鋼索的時候，就因為突破不了這個心理障礙而幾乎想要放棄。後來，奧利維拉找到了一個訣竅。他在練習走鋼索的時候，就在自己的腰間繫上一條保險繩。不管這條保險繩的品質如何，是否真的能造成保護作用，奧利維拉自己卻覺得很安全，他不再擔心自己會從鋼索上掉下來受傷了。

　　隨著走鋼索的技術越來越嫻熟，奧利維拉已經不再需要保險繩，但每當他表演高空走鋼索的時候，都必須得在腰間繫上一根繩子，即使這只是一條很普通的繩子，對奧利維拉來說也能產生神奇的力量，會幫助他完成高空走鋼索的表演。這是奧利維拉的祕密，許多內行人也都知道，但觀眾是不知道的，所以他們都十分佩服奧利維拉。

　　可是當觀眾後來得知奧利維拉的祕密後，就再也無法認真觀看奧利維拉的表演了，總會忍不住尋找那根繫在奧利維拉腰間的保險繩。人們對觀看奧利維拉表演的興致開始減弱，不再像最初那樣驚嘆。在不知道真相

前，許多人之所以會驚嘆奧利維拉的表演，一方面是他高超的平衡能力，但更多的是因為奧利維拉的勇氣，他做到了許多人不敢做的事情。對於大多數人而言，從那樣的高度往下看都會忍不住心顫，更別說從鋼索上走過了。

為了重新獲得觀眾的喜愛，奧利維拉開始練習脫離保險繩的高空走鋼索。但不知為什麼，奧利維拉就是做不到。當沒有了保險繩後，奧利維拉在鋼索上可謂是寸步難行。這是奧利維拉的心理暗示在作祟，他會不停地暗示自己，他處於一種不安全的狀態下，只要稍有不慎就會喪命。這種暗示會加劇他的恐懼感，雖然這在許多業內人士看來是荒唐的，畢竟奧利維拉的能力擺在那裡，但奧利維拉就是突破不了內心的障礙。

每個人都具有或多或少的想像力，會想像自己的未來，而這個想像的過程其實就是在自我暗示。一個人的想像力越豐富，自我暗示的作用就越明顯。就像奧利維拉一樣，總是想像著自己從鋼索上摔下來後的慘狀，這就是在不停地下達自我暗示：沒有保險繩，發生意外後的下場很慘。在多次的暗示下，奧利維拉的潛意識就接受了這種恐懼的想法，並任由其漸漸扎根。奧利維拉的經歷與一項心理實驗十分類似。

在實驗開始後，實驗組織者便帶著 10 名參與者來到了一間黑屋子，在實驗組織者的引導下，參與者跟著他穿過了黑屋子。然後，實驗組織者就開啟了房間內的一盞燈。藉著昏暗的燈光，10 個人看清了房子裡的一切。他們剛才通過的是一座小木橋，橋下面是一個大水池。讓他們驚恐的是，大水池裡養著許多鱷魚，如果有人不小心從橋上面掉下去，一定會成為鱷魚的美食。想到這裡，大家紛紛表示自己剛才真是太幸運了。

這時，實驗組織者問道：「現在，有誰願意和我一起從小木橋上走

過？」這個問題讓議論紛紛的 10 個人立刻安靜下來。一會過後，終於有 3 個人站出來，表示願意和實驗組織者冒一下險。在通過小木橋的時候，只有實驗組織者順利通過，那 3 名參與者的表現都很畏縮。有一個人走到小木橋上後，立刻變得小心翼翼起來，通過小木橋的速度相比之前不知情的情況下慢了許多。另一個人在走到一半的時候，就趴在小木橋的中間，再也不敢走下去了。第三個人的表現更差，只走了幾步，就再也不肯前進。

於是，實驗組織者就開啟了房間內的另一盞燈。這盞燈十分明亮，把房間照射得如同白晝一般。這時，所有人才看到了小木橋下面還有一張安全網。實驗組織者再次問道：「這一次，有誰願意和我一起通過小木橋？」在剩下的 7 個人中，有 5 個人站了出來。這讓實驗組織者有些意外，他就問另外兩個參與者：「你們為什麼不願意呢？」這兩個人擔心地問道：「這張安全網安全嗎？」

不論是鱷魚還是高空，都會給人帶來恐懼的心理，會讓人覺得自己的生命安全受到了威脅，想像著如果自己掉下去會怎麼樣。在這種負面的暗示下，人的恐懼會變得越來越嚴重，並拒絕嘗試。這個時候，我們就需要利用心理暗示來打破這種因為恐懼而形成的障礙。

從前有一個國王，得到了一塊價值連城的寶石，想要把這塊寶石鑲在一枚戒指上。在寶石戒指製成之前，國王又突發奇想，想往裡面塞進一張紙條，以便在以後走投無路的時候，作為提醒自己的錦囊妙計。於是，國王就向大臣們徵求意見，看看寫什麼話最為恰當。

國王的問題難住了學識淵博的大臣們，他們開始冥思苦想，但卻什麼結果也沒有。這個時候，一位伺候了國王許多年的老僕站出來說：「我知道有一句話可以作為錦囊妙計，這是先王曾經邀請的一位作家離開王宮前

跟我說的。」在得到國王的允許後，老僕把這句話寫在了紙上，摺好交給了國王，並請國王到山窮水盡的時候再開啟看。

後來，國王率領軍隊抵抗外族入侵。在一次戰役中，國王的軍隊被擊敗了，國王被敵人窮追不捨。在這種生死攸關的時刻，國王突然想起手上的戒指，便拿出了那張紙條，只見上面寫著：「一切都會過去。」看到這句話後，國王不再慌亂，冷靜下來，利用自己對森林地形熟悉的優勢，開始和追兵周旋起來。果然，那些追兵在森林裡漸漸迷失了方向。國王趁機逃出了森林，並開始重新集結隊伍，經過一番艱苦的作戰，終於把外敵趕走了。

每當我們面臨自認為有威脅的情景時，總會產生心理上的退縮，不斷透過想像來讓自己變得更加恐懼。很多時候，我們都是被自己擊敗的。想像對一個人的影響十分巨大，越是害怕什麼，腦子裡就越會想什麼，結果這種想像就會對我們產生心理暗示，最終影響到我們的心態乃至行為。

想要突破因為恐懼產生的心理障礙，就必須學會透過自我暗示來改變自己，心理暗示可以使我們的潛能更好地發揮出來。首先我們要為自己設立一個目標，這個目標與戰勝恐懼有關，然後開始在腦海中想像自己戰勝恐懼、實現目標後的美好畫面。這樣不僅有利於降低恐懼，還能讓我們相信自己是有能力贏得成功的。為了讓我們的內心重新堅強起來，我們需要為心「上保險」，而這個「保險」就是心理暗示。

‖ 搭建一架通往成功的梯子 ‖

　　盛田昭夫是日本著名企業索尼的創始人，作為一名成功的商人，他的許多經驗都值得人們學習。在盛田昭夫看來，電子公司想要長久發展，就必須得有扎實的技術和高瞻遠矚的眼光。除此之外，盛田昭夫還十分強調目標的重要性，只有在公司內設立一個目標，才能鼓舞員工工作的積極性，並能夠讓所有人的力量都集中起來，朝著一個目標奮鬥。

　　現如今，錄音機這樣的電子產品已經被消費者和市場所拋棄。但在當時錄音機可是個新產品，新到索尼的研發人員都對錄音機的結構毫無概念。研發並生產這個新產品，對索尼來說可是個不小的挑戰，甚至聽起來有點荒謬。但在盛田昭夫的堅持下，所有的研發人員便把錄音機當成了自己奮鬥的目標和動力。最終，在員工們的共同努力下，終於成功研發出錄音機並投入到生產中。

　　對於一個企業來說，目標是如此地重要。對於一個人來說也是如此，我們的潛能只有在目標的鼓勵下才能挖掘出來。當一個人有了明確的目標後，就有了明確的方向，就會有動力和熱情，在遇到困難的時候，往往也能盡快振作起來，克服困難並朝著目標繼續前進。

　　在現實生活中，不論是工作還是學習，設定目標是不可避免的，目標是我們獲得成功的方向標。但目標的設定必須切合實際，不然就很容易半途而廢。不切實際的目標會使人在努力奮鬥的過程中看不到希望所在，很

容易產生倦怠感，最後只能放棄。為了避免上述情況的出現，我們就需要學會分解目標，將它變成一個個經過努力就可以實現的小目標。

美國加州大學曾經做過一項和目標有關的實驗。實驗組織者將 6 隻猴子隨機劃分成三組，分別關在不同的房間裡。這三個房間內都事先擺置了一些物品，其中第一間房子裡的地上放著香蕉，第二間房子裡的香蕉被懸掛在半空中，第三間房子裡的香蕉被實驗組織者懸掛在了房頂上。很明顯，這三個不同房間的香蕉是根據從簡單到困難的獲取方式，被分別放在不同高度的位置上的。

一段時間過後，實驗組織者去觀察不同房間裡猴子的情況。實驗組織者看到了令自己吃驚的一幕，第一間房子裡的猴子一死一傷，還活著的那隻猴子的傷勢十分嚴重，耳朵處流著鮮血，一條腿已經斷了；第二間房子裡的猴子都活著，看起來很不錯；第三間房子裡的兩隻猴子都死了。

為什麼會出現這樣的情況？第一間房子的猴子，由於香蕉很容易得到，於是就開始為了眼前的香蕉大打出手，最後鬧得一死一傷；第二間房子的猴子，由於香蕉懸在半空中，它們得跳起來才能得到香蕉，就開始不停地努力摘香蕉；第三間房子裡的香蕉懸掛在房頂，不論猴子怎麼努力都摘不到，最後只能餓死了。

這個實驗雖然是在猴子身上進行的，但卻同樣適用於人類。當目標很容易實現，根本不用付出努力時，我們就會把自己的時間和精力都浪費在其他事情上，就像實驗中兩隻互相打架的猴子一樣。如果目標過高，那麼就會出現無論如何努力都實現不了的情況。在實驗中，第三間房子的猴子就因為懸掛的香蕉過高活活餓死了。而在我們的工作或求學中，如果我們所制定的目標過高，也會「胎死腹中」。只有當目標制定得非常合理的時

候，我們才能透過努力實現目標，並享受到實現目標的快樂。

　　將大目標分解成一個個小目標去實現，還有一個非常重要的作用，即我們可以在每實現一個小目標時都獲得一種成就感，這種感受會促使我們朝著大目標繼續努力，而且還會令我們變得越來越自信，認為自己有能力獲得成功。這一點與登門檻效應十分類似。

　　登門檻效應也被稱為得寸進尺效應。具體是指，一個人一旦接受了他人一個微不足道的要求後，為了避免給人造成前後不一的印象，可能會接受對方所提出的更進一步的要求。這種心理就好像登門檻時要一個臺階一個臺階地攀登，才能順利登上最高處，跨過門檻。

　　1966 年，美國社會心理學家傅利曼（Johnathan Freedman）與佛雷瑟（Scott Fraser）所設計並實施的一項實驗就證明了登門檻效應，這項實驗的最初目的是為了驗證「無壓力屈從」。

　　在實驗中，實驗組織者會分別派出兩個人去隨機地分別拜訪一組家庭主婦。其中一個人在拜訪家庭主婦時，會提出一個小要求，即將一塊小招牌掛在她們家的窗戶上。很少有家庭主婦會拒絕這個小要求，通常她們都會愉快地答應。一段時間後，這個人再次去拜訪這些家庭主婦，提出了一個較為過分的要求，即將一個不僅大而且不太美觀的招牌放在庭院裡。結果，居然有超過半數的家庭主婦答應了。

　　另一個人在拜訪家庭主婦的時候，會直接提出一個要求，即將不僅大而且不太好看的招牌放在庭院裡。結果，只有不足 20% 的家庭主婦同意這個要求。

　　在另一項類似的實驗裡，實驗組織者會派人到兩個居民區內，勸人將一塊寫著「小心駕駛」的大標語牌豎立在房門前。其中一個人會直接向居

民區內的人們提出這個要求，結果只有 17% 的居民同意。另一個人則採取了不同的方式，先向各位居民提出一個小要求，即在一份贊成安全行駛的請願書上簽字，這個小小要求，幾乎不會有人拒絕。然而幾週後，他再向居民們提出在房前豎立起「小心駕駛」的大標語牌，結果有 55% 的居民同意了這個要求。

之所以會出現這樣的結果，是因為當一個人面對某個小請求時，往往會找不到拒絕的理由，畢竟只是舉手之勞，就會輕易答應。之後，再向他提出一個更進一步的要求時，他通常不會拒絕，因為拒絕就容易出現認知上的不協調，為了保持認知平衡，緩解內部壓力，他會轉變態度並接受請求。

加拿大心理學家在號召多倫多居民為癌症學會捐款的時候發現，如果直接向人們提出捐款的要求，只有 46% 的人願意捐款。但如果採取另一種方式，捐款的人數就會翻一倍。在第一天，活動負責人會為人們頒發一個紀念章，並要求人們佩戴。然後第二天再提出捐款的要求，這個時候許多人都會慷慨解囊。

登門檻效應在現實生活中十分常見，例如，在學習中，老師在面對課業成績不及格的學生時，通常會鼓勵他們下次努力考及格。這其實就是在運用登門檻效應。如果老師一下子向成績差的學生提出了考滿分的要求，那麼學生的內心一定會抗拒，很難努力學習。

登門檻效應其實就是在說明循序漸進的重要性。當我們在設定目標時，也要使用登門檻效應的原理。如果所設定的目標過大，實現的難度就會很高，這相當於替自己提出了一個大的要求，我們的內心往往會拒絕，覺得不可能實現。如果將大目標分解成若干小目標，那麼我們就會像登門檻效應實驗中的人們一樣，樂於接受，然後一步步去實現。這個過程就好像是在替自己的成功搭建梯子一樣，會使我們一步一個臺階地接近成功。

‖ 改變潛意識，提升自我 ‖

在魯德亞德・吉卜林（Rudyard Kipling）的小說《叢林奇談》（*The Jungle Book*）中有一個有關狼孩毛克利的故事。毛克利是個印度樵夫的兒子，在他的嬰兒時期，他和父母在森林裡遭遇了老虎的追逐，慌忙逃命間，毛克利被丟在了森林中。後來，毛克利誤入狼穴，並被母狼收養，成了狼群中的一分子。毛克利成功地在狼群中活了下來，並漸漸長大。長大後，毛克利意外回到了人類生活中，他被村子裡一位失去兒子的村婦收養。在和毛克利初次見面的時候，村婦就驚嘆於毛克利的腳，因為她發現莫格裡從來不穿鞋子，但腳上卻並沒有傷口。後來，她才知道毛克利的腳因為從小鍛鍊，已經像獸皮一樣堅硬了，即使不穿鞋也不會受傷。

其實我們的內心也和毛克利的腳一樣，最初都是柔軟而且容易受到傷害的，但隨著我們不斷地歷練，會漸漸變得堅強。

有人曾經拿南瓜做過實驗。將一個正在生長的小南瓜用鐵絲捆綁住，然後再觀察小南瓜承受各種重力的生長狀況。最初，實驗者會在小南瓜上懸掛約 220 公斤的重物，隨著時間的推移，漸漸往上增加重量。一段時間後，小南瓜已經能承受將近 680 公斤的重量。這讓許多人都感到驚訝，同時還很好奇，希望能看到小南瓜承重的極限。

於是，懸掛在小南瓜上的重物一直在不停地增加重量，小南瓜也在不停地長大。最後到小南瓜快要成熟的時候，它已經承受了約 2,268 公斤的

重量。當實驗者將南瓜開啟後，他們才驚奇地發現，南瓜的內部不再是柔軟的可食用的果肉，而是變成了十分堅硬的纖維。最令人驚奇的是南瓜的根部，實驗者發現它的根向不同的方向延伸，已經遍布了整個花園的土壤，它在全力吸收土壤裡的養分。

這個結果充分說明了生命的頑強，不僅南瓜有這麼大的潛力，人也是如此。一個人的潛能是無限的，到底有多大，沒有人知道。據說，我們大多數人的潛能只被開發了 10% 左右。愛因斯坦（Albert Einstein）這樣的科學家已經很偉大了，但他的大腦潛能也只開發了 12% 左右。但為什麼我們擁有如此驚人的潛能卻無法發揮出來呢？難道我們的潛能就只能白白浪費掉嗎？

說起潛能，就不得不提到潛意識。有心理學家曾證明，一個人潛意識的思考速度要遠遠快於意識，是意識的 3 萬倍。一個人的潛能之所以不能發揮出來，與潛意識有著十分密切的連繫。我們被自己潛意識裡的某種觀念或信念給束縛住了，也就是說我們的潛意識在懷疑自己的能力。

運用潛意識的關鍵在於相信，只有對自己有信心，才能將自己的潛能發揮出來。我們的潛意識沒有辨別真假的能力，只會接受。如果我們總是不斷地懷疑自己的能力，覺得自己這也不行，那也不行，那麼我們的潛意識就會在這樣強烈的自我暗示下，開始相信自己就是一個失敗的人，然後失敗就會變成現實。相反，如果我們輸送給潛意識的都是正向的意念，就好像鋼鐵大王卡內基（Andrew Carnegie）那樣，每天將自己想要成為百萬富翁的目標唸上千遍，他想要成功成為富翁的念頭就會在他的潛意識裡生根發芽，透過不懈努力，最後他終於成了百萬富翁。

那些已經取得成功的人，往往都具有很多共同點，例如獨立、有自己

的想法。最重要的一點是，他們會自我暗示，讓潛意識為自己服務，從而發掘出自己的潛能。一個人如果總是懷疑自己的能力，那麼就無法做到正確認識自己，看不到自己的優點，也不想改變自身的缺點，總是生活在迴避的狀態中。

史蒂芬是個健康的年輕人，在越南戰爭期間，遠赴越南打仗，在戰場上被流彈打中了背部。雖然史蒂芬被送回美國接受治療，但卻再也站不起來了。從此後，史蒂芬就開始依靠輪椅代步，在輪椅上坐了 20 年。這樣的生活讓史蒂芬感到非常苦惱，為此他總是借酒澆愁。

一天，史蒂芬從酒館出來，照常坐輪椅回家。結果途中遇到了 3 個劫匪，劫匪只是想搶點錢就走，但史蒂芬拚命反抗激怒了他們，於是他們在臨走前點燃了史蒂芬的輪椅。史蒂芬發覺輪椅著火後，立刻跳了起來，拚命地逃走了。當史蒂芬平靜下來後才突然發現，他已經跑了一條街。從那以後，史蒂芬就恢復了行走的能力，並找到了一份新工作。

當一個人面臨絕境時，為了求生，往往能激發出巨大的潛力，不論是史蒂芬還是實驗中的南瓜，都是在外界環境的逼迫下將潛能發揮出來的。但是這種激發潛能的方式太過被動，全部依靠外部環境的刺激，需要在巨大的壓力下才能置之死地而後生，從而成功地突破自我。這種絕境下所逼出來的潛能雖然非常巨大，但卻不可取，因為很多人極有可能會被絕境壓垮。壓力可以造成鼓勵的作用，但要有一個限度，因為人的承受力是有限的。

因此，利用自我暗示來激發潛能是最好的選擇。我們需要不斷地在腦海中想像，利用自我訓練的方式讓我們的潛意識相信自己有能力去做成某件事情。

　　除了日常生活中的自我暗示外，睡覺的時間最好也不要放過。在睡覺時，我們的意識雖然休息了，但潛意識卻依舊在不停地活動。我們可以在睡覺前不斷地暗示自己，然後潛意識就會接收到訊號，在睡眠時繼續工作。例如，我們通常需要用鬧鐘叫醒自己，這不僅痛苦，而且難以立刻起床。如果在睡覺前不斷重複告訴自己什麼時間一定要醒來，你就會發現自己真的會在那個時候自動醒來。這就是潛意識的力量在幫助我們實現目標。

　　此外，睡覺前的自我暗示還需要注意一點，即學會放鬆自己的心情和身體。只有這樣，對潛意識的影響才會達到最好的效果，而且也不會影響睡眠。說不定，自我暗示的內容還會進入你的夢境之中。總之，想要發掘出自己的潛能，就必須得有效發揮潛意識的作用。

‖ 潛能也需要機會 ‖

　　傑瑞・萊斯（Jerry Rice）是個優秀的足球運動員。萊斯的先天條件不錯，他的體能常常讓人驚嘆，可以說是個天生的運動員。雖然體能是萊斯在足球上取得成功的一個重要原因，但更重要的是他堅持不懈的努力。萊斯在體能訓練上絲毫不敢懈怠，總是能按照教練的嚴格標準去執行。

　　當萊斯還只是高中校隊的一名足球運動員時，就開始重視起體能訓練。每次訓練之前，教練查爾斯・戴維斯都會為所有的運動員規定一項體能訓練任務，即以蛙跳的方式，彈跳登上一座 36 公尺多高的山丘，來回 20 次才算完成任務。如果天氣宜人，完成這項訓練任務還不算太難，但如果遇到炎熱而潮溼的天氣，很少有人能完成，就連萊斯這個體能不錯的人，在完成 11 趟往返之後都會感覺吃不消。當萊斯想要放棄，打算偷偷溜到休息室休息時，他突然意識到自己是在偷懶，於是就對自己說：「我不可以就這樣放棄，一旦有了第一次，就會有第二次，這會養成半途而廢的習慣。」之後，萊斯就回到了訓練場，繼續開始彈跳，直到完成 20 次後才離開。從此後，每當萊斯有半途而廢的念頭時，他就會像這次一樣進行自我暗示。

　　在成為職業足球運動員後，萊斯更加重視體能訓練，他開始強度更大的訓練，每天都會在一處全長約為 4 千公尺的野外山徑進行體能訓練。有時候，也會有其他足球運動員來這裡和萊斯一起參加體能訓練，但沒有一

個人能趕得上萊斯，許多人都十分敬佩萊斯的體能。

在一場足球比賽結束後，許多足球運動員都會去度假，享受假期帶來的放鬆感。但萊斯卻一刻也不會放鬆，依舊每天都參加體能訓練。有的人甚至開玩笑說：「萊斯的體能幾乎無人能及，即使是功夫明星的體型和萊斯比起來都只像是個相撲選手。」萊斯的天賦再加上他堅持不懈的努力，終於讓他在足球領域中登上了一座座高峰。在這期間，萊斯從未間斷過訓練，也從未在比賽中缺席過。

1997 年 8 月 31 日這天，萊斯遭遇了他成為足球運動員以來最為嚴重的一次傷害，他在球場上摔破了膝蓋骨，這意味著萊斯很可能再也不能參加足球比賽了。

之前有許多足球運動員都和萊斯有著相同的遭遇，但卻只有一名足球運動員恢復了健康，並重新回到球場參加比賽，還創下了職業球賽的歷史紀錄，這個人便是羅德‧伍德生，不過他用了四個半月的時間完成了康復，而萊斯只用了三個半月。之後，萊斯便再次出現在球場上，並創造了不錯的成績，為球隊贏得了勝利。萊斯之所以能創造出奇蹟，與他堅毅的決心是分不開的，每當他想要放棄的時候，都會鼓勵自己繼續堅持下去。

每個人都擁有巨大的潛能，但想要讓自己的潛能得以發揮，堅持和努力是必不可少的。在我們努力的過程中，總會遇到許多挑戰，這個時候要繼續堅持努力下去就會變得困難起來。這時，我們通常會替自己找一個藉口，這是每個人都會產生的傾向。因為當我們決定放棄努力時，會覺得愧疚，會覺得這樣做是錯的，我們需要找藉口說服自己，以達到諒解自己的效果。這其實也是一種自我暗示，暗示自己即使不努力也沒什麼。但我們要做的是用另一種暗示，讓自己認清楚那只是自己不努力的藉口，就像萊

斯一樣告訴自己：「有了第一次的半途而廢，就會有下一次，我不要養成半途而廢的習慣！」

此外，學會為自己打氣也十分重要，而且最好選擇在每天早上為自己打氣，讓自己精神抖擻地度過每一天。在許多人看來，每天早上替自己打氣是一件看起來很孩子氣的事情，實際上這種做法背後卻有著十分深刻的心理意義。

人的大腦每天都會接收許多資訊，我們可以將這些資訊分為有意識和無意識兩部分。有意識的資訊通常與我們的注意力有關，我們每天都會接收不同程度的有形或無形的刺激，有的能輕易引起我們的注意，有的則不能，也就是說我們的注意力會對這些資訊產生不同程度的反應，而那些引起我們注意的消息，則被我們的大腦有意識地接收了。

無意識在接收外界資訊或刺激時，通常不需要注意力的介入，會不知不覺地接收周圍的消息，從而形成所謂的潛意識。

當一個人快要睡著和快要清醒的時候，他的潛意識是最活躍的狀態，這個時候進行自我暗示往往有著不錯的效果。而我們每天早上替自己打氣，進行心理暗示，等自己完全清醒後，就會按照所暗示的內容去行動。

約翰是名產品業務員，他並不喜歡這份工作，每天上班前他都會有很大的心理壓力，因為他得帶著產品去按陌生人的門鈴，然後向人推薦他所帶來的產品。有時候，約翰會遇到比較客氣的人，即使不購買產品，也不會爆粗口。但約翰也會遇到一些脾氣不好的人，他會充當對方暫時的出氣筒。約翰不得不做這份工作，因為他要生活下去。

為了做好工作，約翰為自己制定了一個目標，他要成為一名出色的業務員。從此，每天早上起床後，約翰都會對著鏡子裡的自己說：「約

翰,如果你想過得更好,就必須得做好這件事情,還必須得高高興興地去做。」漸漸地,約翰開始喜歡這份工作,工作效率也提高了不少,讓他賺到了很高的報酬。

自我暗示可以幫助我們開發自己的潛能,而早上起床後的自我暗示效果是最好的。剛開始的時候,自我暗示的效果並不明顯,但只要堅持幾個星期,自然就會產生效果。

此外,我們還得有將自我暗示當成自己生活方式的決心。如果自我暗示只是偶爾為之,基本上是產生不了效果的。養成自我暗示習慣的最好方式就是重視自我暗示,將其當作一個目標去實施。不要輕易間斷,因為一旦有了第一次放棄,之後的放棄就變得容易起來。這就好像每天早上鍛鍊身體一樣,一旦哪一天找藉口不鍛鍊了,那麼之後就很難繼續堅持下去。

很多時候,我們的潛能遠比自己想像的要強大許多,只是有待於開發而已,在潛能沒有完全刺激出來之前,我們永遠都不會知道自己的潛能到底有多大。有時候,我們會因為各式各樣的顧慮而喪失許多開發自己潛能的機會。這看起來好像是在保護自己,其實是在剝奪自己體驗的機會。我們的能力只有在一次次的體驗中才能累積起來。因此,每當因為困難想要放棄的時候,就應該鼓勵自己繼續努力下去,多給自己一次嘗試的機會,也多給自己一次發掘潛能、提高能力的機會。

||「破罐子」也能逆襲||

1791 年，法拉第（Michael Faraday）出生在倫敦市郊一個貧困的家庭裡，他的父親是個鐵匠，收入本來就少，再加上常年生病、子女眾多，讓本來貧困的家庭隨時面臨著吃不了飯的狀況。在這樣的家庭中長大，能填飽肚子已經是奢望了，更別提去上學了。

12 歲時，法拉第透過上街賣報賺錢。一邊賣報，一邊從報紙上學認字。13 歲時，法拉第成了一家印刷廠的圖書裝訂學徒工。法拉第利用這份工作的機會，一邊裝訂書，一邊學習。經過幾年的努力，法拉第所認識的字已經完全可以讓他閱讀書籍了。這就意味著，法拉第可以利用業餘時間看更多的書，他開始閱讀《大英百科全書》（*Encyclopædia Britannica*）。

隨著閱讀範圍的擴展，法拉第發現自己特別喜歡電學和力學方面的書。法拉第的收入有限，買不起書和筆記本，就只能利用印刷廠的廢紙將其裝訂成筆記本，並在上面摘錄各種數據，有時還自己配上插圖。

一個偶然的機會，法拉第的筆記本被英國皇家學會會員丹斯（William Dance）發現了，他當時正好來印刷廠校對他的著作。當丹斯得知這個筆記本屬於裝訂學徒法拉第的時候，十分吃驚，他送給法拉第一張皇家學院的演講入場券，這樣，法拉第就有機會到皇家學院旁聽了。

在皇家學院，法拉第十分喜歡聽英國著名化學家戴維（Humphry Davy）的課，每次都會認真聽講並記筆記。一段時間後，法拉第便把自己

的筆記整理好，並取名為《化學課本》，寄給了戴維，還附上了一封信，表達自己願意學習化學的心願。

看到這些後，戴維十分感動，同時也十分欣賞法拉第的才幹，就將法拉第招為助手。從此，法拉第就更加努力，以最快的速度掌握了實驗技術，成了戴維的得力助手。

半年後，戴維有一個新的計畫，他想帶著法拉第到歐洲大陸各個國家做一次科學研究旅行，拜訪各國著名的科學家並參觀化學實驗室。這段經歷對法拉第來說十分難得，他不僅增加了許多見識，還學會了法語。

結束這次旅行後，法拉第便開始獨立科學研究。1831 年，法拉第發現了電磁感應現象。1833 年，法拉第發現了電解定律。這一發現在科學界引起了不小的轟動，而這一定律也因此用法拉第的名字命名。

成為一流的電學家是十分難得的，尤其是像法拉第這樣一個出身貧困的裝訂圖書學徒工，完全依靠自學成為世界一流的科學家就更加難得了。

一個人會因為各式各樣的原因而身處逆境，在這種情景下，人們往往很容易出現挫敗的心理，很難重新振作起來。這是因為許多人都害怕失敗，害怕身處逆境，在面臨失敗時，就會產生破罐子破摔的心理，從而長時間地沉浸在失敗的陰影中。

有這樣一則小故事：有一個父親因為殺人而入獄，從此他兩個兒子的生活開始變得悲慘起來，不僅生活非常貧困，還經常會遭到周圍人的白眼，也沒有人願意和殺人犯的兒子做朋友。長大後，哥哥步父親的後塵，成了殺人犯，而弟弟卻成了一個成功的企業家。當記者分別採訪兄弟二人時，哥哥說：「有這樣一個父親，我能怎麼辦？只能自甘墮落。」而弟弟卻說：「有這樣一個父親，我能怎麼辦？只能依靠自己才能取得成功。」

　　同樣的遭遇，就因為面對人生的態度不同，從而產生了兩種完全不一樣的結果。這和身處逆境中的法拉第一樣，當他決定以正向的狀態面對逆境時，他就充滿了動力，並最後取得成功。

　　「失敗並不可怕，跌倒了再重新站起來。」這是我們常常會聽到的道理，但卻很少有人能做到。這是為什麼呢？我們為什麼會在成為「破罐子」後，就要破摔？

　　這是因為我們已經對失敗產生了恐懼的心理，從而越是害怕失敗，就越容易失敗。這便是心理學上著名的瓦倫達效應。這個效應來自一個真實而悲慘的故事，故事的主角就叫瓦倫達（Karl Wallenda）。

　　在美國有一個著名的高空走鋼索的表演者，他的名字叫瓦倫達。瓦倫達曾表演過多次高空走鋼索，從未失敗過，因為他有著很強的平衡能力和走鋼索技巧。正因如此，瓦倫達才接到了一項重要任務，即在許多美國知名人物面前表演高空走鋼索。只要這次瓦倫達能完成高空走鋼索，不僅能讓自己名聲大振，還能為自己以及所在的馬戲團帶來巨大的利益。這次的表演如此重要，瓦倫達十分重視，便一直不停地思索和練習，並不停地告訴自己絕對不能失敗。

　　在表演正式開始時，瓦倫達選擇不使用保險繩。瓦倫達覺得，這樣做會讓表演更加精彩。瓦倫達對自己的高空走鋼索技能也十分有信心，畢竟他從未失敗過，而且這次的表演難度也不大，只需要走到鋼索中間後做兩個較為簡單的動作就可以了。但這次，瓦倫達失敗了，還賠上了自己的性命。當瓦倫達走到鋼索中間時，他突然從鋼索上摔了下來，當場死亡。

　　事後，瓦倫達的妻子說：「我就知道這次的表演一定凶多吉少。在比賽前，瓦倫達不停地告訴自己這次表演很重要，絕對不能失敗。這是他

以前表演前從未出現過的狀態。」雖然瓦倫達總是不停地告訴自己不能失敗，但事實上卻顯露了他對失敗的恐懼。也就是說，瓦倫達的腦子裡總在想像著和失敗有關的畫面，從而產生了失敗的心理暗示。

美國史丹佛大學的心理學教授曾專門研究過瓦倫達效應，一個人越是害怕失敗，就越會在大腦中想像自己失敗後的情景，這種想像是影像式的，雖然僅存於腦海中，但卻非常生動形象，並且會對人的神經系統產生刺激，從而影響人的心理和行為。

總之，當我們開始有害怕失敗的心理時，一定不要關注「破罐子」本身，要是消除關於成功與失敗的憂慮，專心去做應該做的事情，這樣成功便會不期而至。其實有時候在逆境中，人的潛力才能得到最大的發揮，尤其是遇到危險的時候。

桑尼爾是個法國飛行員，一天他正在野外軍用飛機場上用自來水槍清洗戰鬥機，突然間他感覺好像有人用手拍了一下他的後背，他本能地向後看了看，這一看他差點被嚇死。拍他的根本不是人，而是一隻體型碩大的狗熊，它正舉著兩隻前爪站在桑尼爾的背後。

看到狗熊後，桑尼爾立刻用手中的水槍去攻擊狗熊，可能是他用力過猛，水槍居然掉了下去。在這千鈞一髮的時刻，狗熊已然發起進攻，桑尼爾只能閉上眼睛，用力地向機翼跳去，並開始大聲呼救。

當警戒哨裡的哨兵聽到桑尼爾的呼救聲後，立刻端著衝鋒槍跑了出來，並朝著狗熊掃射，最終狗熊被擊斃了。事後，許多人都感覺很困惑，因為一個人如果在沒有助跑的情況下，是不可能跳上機翼這樣距離地面很高的地方的，但桑尼爾卻做到了。之後，桑尼爾也做了許多次實驗，但都未能成功地跳上機翼。

　　為什麼桑尼爾能一下子跳上那麼高的機翼呢？這是因為當一個人面對緊急情況時，他的體內會分泌出一種奇異的腺素，這種腺素會幫助他激發潛能，從而獲得超乎尋常的能力。這就是說，一個人面臨的情況越是危急，他的潛能就越能得到發揮。

Part 5

暗示與教育
—— 讓期望變成現實

　　每個孩子都有屬於自己的天賦，父母的任務就是發現孩子身上的天賦，並且用正向暗示的方式加以引導。在這樣的環境下長大的孩子，在成年後往往會很有自信，在工作的時候也會表現得非常出色。

‖ 期待能創造奇蹟 ‖

在古希臘的美麗傳說中，有一個叫比馬龍（Pygmalion）的雕塑家，他花費了大量的心血，用象牙雕塑了一位美麗可愛的少女。這位少女雖然沒有生命力，但在比馬龍的心中卻是最完美的。他每天都會盯著這座少女雕像看，並漸漸愛上了這個少女，還為她取了一個名字，叫伽拉忒亞（Galatea）。比馬龍為了表達自己的愛意，為雕塑穿上了美麗的衣服，還擁抱她、親吻她，但雕塑的回應卻是冷冰冰的，一動不動。比馬龍為了能讓雕塑變成真人少女，便帶著豐盛的祭品來到神廟，向神靈祈求，希望能賜給他一位像伽拉忒亞一樣美麗的妻子。比馬龍的虔誠感動了神，神答應了他的請求。

當比馬龍回到家中，直接走向雕塑，並像往常一樣看著雕像。這時，比馬龍發現雕像發生了變化，伽拉忒亞的臉蛋漸漸呈現出人的血色，眼睛也開始有了光芒。最終，伽拉忒亞變成了一個活生生的人，並朝著比馬龍走來，用充滿愛意的眼神看著比馬龍。從此，伽拉忒亞真的成了比馬龍的妻子。

這只是個美麗的神話故事，並不是真實的，卻告訴我們一個道理，即期望和讚美能創造奇蹟。雖然比馬龍的故事是虛構的，但真的有心理學家做過類似的實驗。這位心理學家就是哈佛大學的心理學教授羅森塔爾（Robert Rosenthal）。

羅森塔爾首先在小白鼠身上做實驗，然後才將實驗擴展到了學生身上。羅森塔爾把一群用於實驗的小白鼠隨機分成了兩組：A 組和 B 組。這兩組小白鼠會分別交給不同的飼養員去餵養，不過羅森塔爾的交代卻不同。羅森塔爾會對 A 組的小白鼠飼養員說：「這組小白鼠是參與過基因改造的，十分聰明，你一定要好好訓練它們。」對 B 組的小白鼠飼養員，羅森塔爾是這樣交代的：「這組小白鼠和我們平常用於實驗的差不多，智力很普通。」

幾個月後，羅森塔爾開始測試 A、B 兩組小白鼠走迷宮的能力。結果發現，A 組的小白鼠總能迅速走出迷宮並找到食物，但 B 組的小白鼠的表現明顯不如 A 組。這個結果似乎說明，A 組的小白鼠真的比 B 組的小白鼠聰明，但實際上兩組小白鼠的智力都是一樣的。那麼，該如何解釋這種實驗現象呢？羅森塔爾認為原因出在飼養員的身上。原來，A 組的飼養員在照料並訓練小白鼠的時候十分用心，在訓練的過程中甚至會用語言鼓勵小白鼠。而 B 組的飼養員對小白鼠的態度則冷淡得多。也就是說，飼養員在無意識地影響著小白鼠。

後來，羅森塔爾便決定將這項實驗擴展到人的身上，他選擇了加州的一所學校實驗。在新學期剛剛開始的時候，羅森塔爾將三位老師叫來，對他們說：「根據過去這三四年來的教學表現來看，你們是這所學校最優秀的老師。所以我決定從學校裡挑選出一些最聰明的學生來，並將他們分為三個班讓你們來教。雖然這些孩子的智商都很高，但在教學的過程中不要區別對待，尤其不能讓其他學生和家長察覺出來。」

一年之後，羅森塔爾來學校驗收實驗成果。他發現，這三個班的學生成績是全校最優秀的，平均分也比其他班級高出許多。這時，羅森塔爾才向那三位老師攤牌：「其實這些學生都是我隨機挑選出來的，他們的智商

水準和其他學生都差不多。」這讓三位老師都很吃驚，不過更令人吃驚的還在後面。羅森塔爾繼續說道：「其實你們也不是本校最優秀的教師，和學生一樣都是隨機挑選出來的。」這個結果充分說明了期待的作用，期待真的能創造奇蹟。

在羅森塔爾的實驗中，他這個來自哈佛大學的教授在三位老師的心中必然是權威性的人物，所以當羅森塔爾說他們是最優秀的老師時，他們絲毫不懷疑，這是羅森塔爾對三位老師的期待。而當羅森塔爾告訴他們所選擇出來的學生智商都很高時，他們同樣對學生產生了期待。這份期待雖然在平常的教學中不會刻意表現出來，但卻會無意識地流露出來，並對學生產生正向的暗示，於是學生會按照老師所期待的方向去塑造自己的形象，並做出相應的調整，最後就變成了老師所期待的智商高、學習成績優異的學生。

總而言之，羅森塔爾所發現的實驗現象都是心理暗示在發揮作用。一個人會在他人或自己的暗示下，無意識地按照一定的方式去行動，甚至會接受相應的意見或信念，從而影響自身。

羅森塔爾效應在學校教育中表現得十分明顯。凡是受到老師關注或喜愛的學生，通常學習都比較主動，學習成績也會取得很大的進步。相反，被老師漠視甚至歧視的學生，通常學習成績都比較差。

戴爾‧卡內基（Dale Carnegie）幼年喪母，他從小就叛逆而調皮，是鎮上有名的「壞孩子」。在卡內基9歲時，他的父親再次結婚，從此一個中年女人走進卡內基的生活。在繼母剛剛搬入家中時，父親就提醒她要小心卡內基這個小壞蛋。其實，卡內基對繼母的印象也不怎麼好，他總覺得繼母的出現，就意味著他從此要告別自由自在的生活了。

不過，繼母接下來的舉動卻讓卡內基十分意外。繼母微笑著走到卡內基面前，摸著他的頭笑著對丈夫說：「我覺得你說得不對，他不是個小壞蛋，應該是鎮上最聰明、最快樂的孩子。」這番話讓卡內基十分感動，因為之前從未有人誇獎過他。從此之後，這番話一直鼓勵著卡內基不斷前進。

在教育中，不管是家長還是老師，都應該重視培養孩子的自尊心和自信心。通常情況下，樹立自信最好的方式就是讚美。因為每個人都渴望得到讚美，尤其是孩子，他們希望能得到家長或老師的期待和肯定。這對孩子來說是一種正向的心理暗示，會讓他們心情愉快，並在學習的時候變得更加積極主動。

雖然期待能創造奇蹟，但卻要遵守一定的規則，畢竟期待不是萬能藥，更不是白日做夢。在教育中，對孩子的期待應注意以下幾點。首先，期待必須合情合理。所期待的內容必須根據實際情況而定，只有這樣才能產生正面的作用。其次，期待得具有一定的挑戰性，需要透過努力才能達到期待的目標，只有這樣才能產生鼓勵的效果，從而讓孩子可以在努力之後突破原來的水準。最後，期待要堅持不懈。不論是家長還是老師，不要因為孩子所遭遇的一點失敗就對其喪失信心，因為這會讓孩子原本就灰心喪氣的情緒變得更加糟糕。

‖ 好孩子需要好環境 ‖

　　喬治出生於厄瓜多，他的父親在銀行工作，母親是個圖書管理員。這個非常不錯的家庭，因為戰亂而不得不移民美國。到了美國，喬治一家人的生活水準直線下降，一家人只能居住在環境髒亂差的貧民區。到了該上學的年齡後，喬治也只能進入附近管理水準很差的學校上學。

　　移民到美國的喬治英語並不流利，連與人交流都成問題，為此校方只能將他安排在雙語班接受教育。喬治的老師還算負責，很想努力教好學生，但無奈班裡的紀律實在太差，老師根本管不過來。

　　在這個班級裡，老師在上課的時候，學生們總是很難安靜下來，會到處亂跑和尖叫，有時候老師不得不大聲斥責他們，才能獲得短暫的安靜。下課後，班裡的打架現象也十分常見。喬治在進入這個班級後不久，就已經和其他同學打過好幾次架了。為此，喬治總是被老師叫去輔導。不過喬治也不想做出什麼改變，只是在混日子罷了。而且喬治的老師們也都不看好這群學生的前途，覺得他們當中沒有一個能考上大學，能混到高中畢業就已經不錯了。有時候，老師會對著班級裡的所有學生大喊道：「你們將來一定是一事無成的街頭小混混！」

　　到了喬治9歲時，他的父親找了一份不錯的工作，於是就帶著全家搬出了貧民區，到安靜的中產社群居住，並將喬治送進了一所不錯的學校。這所學校的氛圍改變了喬治的生命軌跡。

　　新學校不僅紀律嚴明，而且老師們對學生的態度也與之前的學校不同。在這裡，喬治第一次被鼓勵。老師告訴他，只要他夠努力，就可以透過學習改變命運：「你將來一定會進入大學學習。」

　　原來，喬治只要被人嘲笑，就會用拳頭解決問題，這是他在之前的學校學會的。剛轉學來到新學校時，喬治就因為被同學嘲笑而打架，最終被老師請到了辦公室，還被罰站和寫悔過書。老師還告訴喬治：「當你做好一件事情時，好的事情會隨之發生；但當你做壞一件事情時，壞的事情就會出現。」從此之後，喬治改掉了打架的毛病，並且開始努力上學，課業成績漸漸變好了，喬治對自己的未來充滿了期待，他覺得自己一定能考入大學。

　　在教育上，環境的好壞對一個孩子來說尤為重要。環境之所以如此重要，是因為環境可以對一個人產生十分強烈的暗示，從而影響一個人的心理和行為，而且這種影響還是全方位的。對於一個孩子來說，這種環境的暗示其實還帶著一定的誘導性，會對孩子的成長產生至關重要的作用。

　　對於一個身心正在不斷成長的兒童來說，環境的因素是舉足輕重的，不僅會影響他的心理健康，有時也會影響他生理上的健康，尤其是大腦發育。在 19 世紀初，德國巴登大公國王子卡斯·豪瑟（Kaspar Hauser）出生後就被叛亂者關押起來，他從小生活在黑暗狹窄的地牢裡，只能得到水和麵包，而且從來沒見過人。到了 17 歲，卡斯終於自由了，但他的身高卻只有 144 公分，而且目光呆滯，不會說話，智力也很低下。22 歲時，卡斯遇刺身亡，他的大腦被送去解剖。結果醫生發現，卡斯的大腦特別小。卡斯的經歷充分說明了環境對人的大腦發育的重要性。

　　在教育上，如果孩子生活在一個溫暖和諧的環境中，那麼他就會形成

活潑的性格，在做事情的時候會理性思考，並且能處理好人際關係。因此，父母應該為孩子提供一個良好的教育環境，其中包括家庭環境和學校環境。

家庭環境是每個人從一出生就開始接觸的，而父母則是孩子的第一任老師，對孩子的身心健康有著不可推卸的責任。因此，父母應該為兒童提供一個充滿關愛的環境，只有這樣才能滿足兒童對愛的渴望，從而獲得安全感。

在照料兒童的時候，有些父母因為沒有經驗或者說本身不成熟，總是難以控制自己的情緒，甚至會在情緒不好的時候拿孩子當出氣筒。這樣，兒童就會產生精神壓力，會覺得父母不愛自己，從而缺乏安全感，並出現心理上的不安和焦慮。因此，環境暗示就顯得特別重要，父母必須學會關愛孩子，只有在這樣的環境中成長，孩子才能擁有健全的身心。

環境暗示主要分為兩種，一種是物理環境暗示，即為孩子提供一個整潔、優美的居住環境；另一種環境暗示更為重要，這便是心理環境暗示，也就是為孩子提供一個輕鬆愉快的心理環境。在這樣的環境下長大的孩子，往往擁有較強的幸福感。

許多父母都很喜歡以愛的名義強制孩子做一些事情，例如學習。有許多孩子就是因為父母的強制，從而產生了對學習的恐懼和厭倦。很少有父母能意識到這個問題，通常都會覺得自己這樣做是為了孩子好，是為了孩子的將來著想。

與其用強制的方式，倒不如採取順其自然的方式，從孩子的天賦出發，為孩子選擇適合他的學習方式，而且最好採用較為溫和的方式。父母只有運用恰當的方式，才能使孩子覺得自己得到了尊重，從而在學習的時

候變得更加積極起來。父母在與孩子相處的時候，也最好能做到尊重和信任，尤其不要隨意打罵。因為孩子只有在平等的、民主的家庭環境中長大，才能獲得更好的發展。

另外，父母對孩子而言能造成表率的作用，言傳身教，會產生心理暗示。現代社會中，以核心家庭（由父母和孩子兩代組成）為多，因此父母之間的關係對孩子的成長來說就十分重要了。如果父母關係和諧，那麼孩子就會覺得有安全感，就會生活得很快樂。如果父母總是當著孩子的面爭吵，那麼孩子就會整天活在恐懼之中，其性格就會發生扭曲。常常生活在父母爭吵中的兒童，通常還會伴隨有口吃、遺尿症等疾病。

除了家庭環境外，學校環境也十分重要。

首先是學校的硬體條件，不必過於奢華，只要讓學生和老師能在安靜、和諧的環境中心情舒暢地學習、教學即可。

老師在學校環境中扮演著十分重要的角色，對學生的學習和成長有很大的影響。在許多人看來，老師最重要的任務就是教學，讓學生提高課業成績。不過，老師的一言一行也會對學生的價值觀、人生觀產生影響。

此外，同學之間的關係也十分重要。現如今，學校環境中出現了一種使用名牌的風氣和比較心理，而且有愈演愈烈的趨勢。例如，有的學校會出現因為穿名牌而形成一些小團體和孤立同學的情況。這會對家庭比較困難的學生造成十分惡劣的影響，會使其產生自卑心理。這種比較現象的出現簡直就是成人世界的縮影，因此想要杜絕這種現象，父母和老師的態度十分重要。

‖ 父母潛移默化的影響 ‖

　　一位母親在第一次參加兒子的家長會時，幼兒園的老師對她說：「你的兒子是所有小朋友中最愛亂動的一個，在板凳上連三分鐘都坐不住，我們老師都懷疑你的兒子有過動症，你最好帶他去醫院看一看。」

　　家長會結束後，在回家的路上，兒子好奇地向母親問道：「媽媽，老師都和你說了些什麼？」母親鼻子一酸，她想到了老師的話，想到她的兒子是全班表現最差，也是老師最不屑一顧的一個學生。儘管如此，母親還是強忍著自己的情緒，對兒子說：「老師表揚你了，說你原來在板凳上一分鐘都坐不住，現在能堅持三分鐘了，其他孩子的媽媽都很羨慕我，因為只有你被老師表揚最近進步了。」兒子聽後十分高興，晚上到家後，表現得比平常要乖許多，吃飯的時候既沒有要媽媽餵，也沒有挑食。

　　轉眼間，兒子到了上小學的年齡。在一次家長會上，老師對這位母親說：「這次的數學考試，你兒子只考了倒數第二名，我們老師都覺得他的智商有問題，你最好帶著他去醫院檢查一下。」老師的這番話讓這位母親十分傷心，在回家的路上忍不住哭了起來，不過到了家門口，她就立刻收起了眼淚，因為她要面對兒子。

　　回到家後，母親對兒子說：「這次家長會，老師提到了你，他對你充滿了信心，因為他覺得你很聰明，就是有些粗心，只要你能在以後的學習和考試中細心一些，成績就一定能超過你的同學，這一次你同學的排名是

第 21 名。」說完，母親就注意到兒子的神色由之前的黯淡一下子變得有自信起來，不再那麼沮喪了。第二天，兒子早早地就起床了，然後就開始自覺地看書。

等兒子到了國中時，學習成績雖然算不上優秀，但比小學要強多了。在一次家長會上，這位母親本以為兒子還會被老師點名責罵，但意外的是老師根本沒提到她的兒子，這讓她覺得很意外，在家長會快結束的時候，她主動找到老師問兒子的情況。結果，老師卻對她說：「雖然你兒子的成績還可以，但以他現在的成績，想要考上明星高中還是有點困難的。」

和老師談過話後，這位母親帶著驚喜的心情走出了校門，並發現兒子正在等他。走在回家的路上，她笑著對兒子說：「你們老師對你非常滿意，他對我說，只要你繼續努力，就一定能被很好的高中錄取。」

在兒子上高中的時候，這位母親對兒子說：「我相信，以你的成績一定能考上好大學。」等到大考結束後的某一天，這位母親接到了學校的電話，讓她的兒子到學校去一趟。這時，這位母親突然有了一種預感，她覺得自己的兒子被大學錄取了。果然，兒子為她帶回了明星大學的錄取通知書。當兒子把錄取通知書交到母親手中的時候，突然忍不住哭了起來：「媽，我一直都知道自己不是一個聰明的孩子，要不是您的鼓勵，我就不會有今天這樣的收穫。」母親聽後，也忍不住抽泣起來，她的兒子終於在她的關心和殷切期望下長大了。

每個人都渴望能得到他人的賞識，尤其是小孩子，他們尤其渴望得到父母的讚賞。因為對於每個小孩來說，父母是他最親近的人，是將他帶到這個世界上的人，也是為他提供保護的人，如果連最親近的人的賞識都得不到，他就會感到失望，會對自己乃至整個世界都失去信心，甚至會覺得

自己是多餘的。

在教育中，尤其是在早期教育中，暗示是一種十分重要的教育方式，孩子可以從父母的暗示中感受到愛和關心。在現實生活中，像上述案例中的情況是十分常見的，許多小孩子都是在父母或老師的正向暗示下，由搗蛋鬼變成佼佼者，由醜小鴨變成美麗的白天鵝的。但也有許多反面教材，也有很多孩子，會因為父母或老師的一句貶低、斥責的話或一頓不分青紅皂白的責罵，而變得越來越不服從管教。

在美國著名小說家馬克‧吐溫（Mark Twain）所著的《湯姆歷險記》（*The Adventures of Tom Sawyer*）中，湯姆就是一個有名的調皮鬼，他和同父異母的弟弟一起居住在姨媽波莉家。在波莉的眼中，湯姆是個壞哥哥，而他的弟弟卻是個乖寶寶。一次，湯姆的弟弟不小心打翻了糖罐子，波莉發現後就直接嚴厲地斥責了湯姆一頓，她覺得這樣的事情只有湯姆才會做。這讓湯姆覺得委屈極了，於是就變得更加不服從管教。

我們常常聽到這樣一句俗語：「江山易改，本性難移。」這句話似乎是在告訴我們，一個人的性格是遺傳而來的，很難在後天得到改變。的確，我們的性格會受到遺傳基因的影響，但更多的卻是後天形成的。

人類的嬰兒從一生下來就需要成人的悉心照顧，長達十幾年的時間需要依賴父母生活，才能完全獨立。不像其他動物的幼體，從一出生就有許多技能，例如，小馬在出生後不久就學會了站立。這就意味著，人的大腦和身體需要在母親子宮外發育和生長。這也就是說，人有極強的可塑性。我們可以透過後天的教育去改變和培養一個人的性格、氣質等。

在早期教育中，尤其是當我們還只是一個小嬰兒的時候，母嬰關係對我們來說是十分重要的，我們可以輕易地從母親的種種言行中感覺到關

愛。如果一個人在嬰兒時期缺乏母親的關愛，那麼他就會備感壓力，總會感覺到焦慮。在長大成人後，也更容易變得憂鬱。

　　說起暗示，就不得不提潛意識。在我們的嬰幼兒時期，我們的父母就開始影響我們的潛意識，他們的一言一行都會進入我們的潛意識之中。例如，父母如果總是向我們輸入「你很棒」之類的正向暗示，那麼你的潛意識就會接受這種觀點，然後這種觀點會漸漸成為你自我認知的一部分，就像上述案例中那位母親對兒子所下達的正向暗示一樣。這種暗示從我們很小的時候就開始了，其所產生的影響卻並不僅僅停留於嬰幼兒時期，還會延伸到成年後。

　　據研究，一個人的潛意識會在 6 歲以前就確定下來。而一個人在 6 歲以前通常都是由父母照顧的，所以父母的暗示和影響就尤為重要。但很少有人能意識到父母對自己所產生的潛移默化的影響，也很少有人會在成年後去注意自己的潛意識，並改造自己的潛意識。

　　如果一個孩子從小從父母那裡獲得的都是負面的暗示，那麼即使他長大後想變成一個充滿正向心態的人，也會變得困難重重。雖然他會強迫自己變得積極起來，但他的潛意識卻會在大部分時間裡決定著他的想法和行為。於是，消極就會成為這個人生活和工作中常有的狀態，他會感覺自己總是諸事不順。

　　因此，父母在教育孩子的時候，一定要多使用正向的暗示。因為只有正向的暗示才能使孩子在未來的人生道路上更加樂觀，也更有進取心。

||「別人家孩子」的魔咒||

小王是個優秀的女性，她從國外留學歸來，還是一家大公司的企畫總監，長得也很漂亮。但小王的內心卻非常自卑，她總覺得自己不如別人優秀，這與她的童年經歷是分不開的。

小王在出生後不久就被父母送到爺爺奶奶家。她的父母工作太忙了，根本無暇照顧她，而小王的爺爺奶奶正好退休了，因此就成了最適合照顧小王的人。

在爺爺奶奶家，除了小王這個小孩子外，還有一個小表弟。小王小時候長得很瘦小，遠不如胖乎乎的小表弟可愛。於是，爺爺奶奶更加偏愛小表弟，總會對小王說：「你看看你弟弟，再看看你，怎麼差距這麼大！」漸漸地，小王就變得自卑起來，覺得自己什麼都不如小表弟，總覺得自己哪裡都不好。有時候，小王甚至會努力回想爺爺奶奶是否誇獎過自己。

長大成人後，小王也是女大十八變，比小時候漂亮多了，而且各個方面都很優秀，但不論怎麼樣，小王就是無法自信起來，總對自己不滿意。

在許多人的成長經歷中，都有這樣的記憶：「父母總是拿自己與別人家的孩子相比較，別人的孩子總是比自己優秀。」其實，每個孩子都不喜歡父母拿自己與別人家的孩子相比較，尤其是當父母說別人家的孩子比自己優秀時，會更加生氣，甚至會產生父母不喜歡自己的感受。父母比較的次數多了，孩子就會覺得很厭煩。

　　雖然孩子很討厭這種比較，但許多父母卻熱衷於此，覺得這是一種鼓勵的教育方式，能造成促進孩子進步的效果。殊不知，這其實只是一種負面暗示，不僅不會造成鼓勵的作用，還會損害孩子的自尊心和上進心，甚至使孩子不再信任父母，導致親子關係的惡化。

　　如果父母真的要用比較的教育方式，最好不要拿別人家的孩子相比較，尤其不要當著外人指責自己的孩子，抬高別人家的孩子，而是要使用「和自己比」的鼓勵方式。例如，在針對課業成績的問題上，拿孩子這次的成績與上次的成績相比較。

　　比較的心理在我們的現實生活中十分常見，我們會在各方面和別人比較，這通常也與我們自己的面子有關。許多父母在將自己的孩子和別人家的孩子比較時，說白了就是為了自己的面子。但很少有父母能意識到這個問題，只會覺得這樣做是為了培養孩子，是愛孩子的表現。

　　孩子的課業成績是父母經常拿來比較的對象，如果自家孩子成績優秀，那麼就能在人們面前吹噓，會覺得自己很有面子；如果自家孩子的成績很差勁，父母就會覺得自己丟臉了。有的父母甚至會將孩子視作自己人生中唯一的期待，會讓孩子代替自己去完成未實現的夢想。例如，有的母親因為兒時沒機會學鋼琴，在有了孩子後，就會逼迫孩子練習鋼琴，還會強加給孩子一個「將來一定要成為鋼琴家」的夢想。

　　小沈有一個正在上國二的女兒，她在教育女兒的時候，就很喜歡以「別人家的孩子」來鼓勵女兒，她覺得這樣能激起女兒求學的鬥志。不過，小沈卻很少去誇獎女兒，她覺得這樣做很容易讓女兒驕傲。

　　有一次，小沈得知同事的孩子在英語競賽中獲得了第二名，於是回家就對女兒說起了這件事。這一次，女兒突然發作了：「為什麼你總是覺得

別人的孩子好，既然你這麼喜歡別人家的孩子，那就讓拿獎的人做你女兒好了。」聽到女兒這樣說，小沈很不滿：「你從來都不會虛心向別人學習，見不得我表揚其他人。」小沈的這句話徹底惹惱了女兒，從那以後，小沈就和女兒開始了冷戰。

冷靜下來後，小沈就開始反思，她漸漸意識到問題有點嚴重了，開始覺得這樣抬高別人的孩子，貶低女兒的做法很不好，很可能會讓女兒覺得自己不如他人，說不定還會讓女兒變得自卑起來。想到這裡，小沈就主動向女兒道歉，表示她以後會努力發掘女兒的優點。從此之後，小沈就開始針對女兒身上的優點誇獎。時間長了，小沈發現女兒變得比以前更開心、更自信了。

許多孩子之所以不自信，最初都來自父母的比較，雖然父母可能只是隨口一說，但卻會像個魔咒一樣一直對孩子的自信心產生影響。

教育家在強調暗示的作用時，常常會提到一個十分經典的案例。有兩個人同時到醫院去看病，其中一個真的患有很重的肺病，另一個人沒有患病，但卻老懷疑自己有病。在檢查的時候，醫生建議患有肺病的患者照 X 光，那個懷疑自己有病的人聽到後，也非要讓醫生為自己照 X 光。

護士在整理兩個人的病歷檔案時，不小心把兩個人的胸部 X 光片弄反了。結果，患有肺病的人一看自己的病好了，頓時覺得非常輕鬆、愉快，高高興興地過了一年。然後他到醫院複查，檢查結果顯示他的病真的好了。另一個懷疑自己有肺病的人，看到自己的 X 光片後，情緒立刻變得低落和沮喪起來，每天都生活在巨大的心理壓力下，結果沒到一年的時間就因病去世了。

為什麼會出現這樣的悲劇？除了醫院的誤診外，還有一個十分重要

的因素,即暗示的力量。當一個人真的相信自己患病時,他的潛意識就會接收這個訊號,向身體的各個部位輸送「有病」的訊息,於是就會真的患病。

父母在教育孩子的時候,如果總是使用大量的負面暗示,那麼孩子就會淹沒在這些負面暗示訊號之中,他的潛意識會接受自己很差勁、不如別人的消息。

有這樣一則童話故事:有一個公主,長得十分漂亮,但從出生起就被一個巫婆關在一座高塔上,每天只能見到巫婆。巫婆每天都會對她說:「你是我見過長得最醜的公主,你醜陋的容貌會嚇死人的。」起初,公主並不相信巫婆的話。但時間一長,公主就開始懷疑自己的容貌,她開始害怕,擔心自己會被他人嘲笑,於是即使沒有巫婆的看守,公主也不敢逃走。直到有一天,一位王子經過這裡,看到公主美麗的容貌後,深深被她吸引,救出了她。獲救後,當公主看到鏡子裡的自己後,才意識到原來巫婆欺騙了她。

如果父母總是在孩子面前誇獎其他孩子,貶低自己的孩子,那麼孩子就會產生嚴重的自卑感並會自我懷疑,他的潛意識就會成為他努力的障礙,他會拒絕一切新的想法,只會覺得自己是最笨的。最後他就會變成怎麼努力也不會成功的人,因為他的骨子裡根本不相信自己會成功。

父母如果真的想讓自家孩子學習某個孩子的優點,那麼最好先表揚和肯定自己的孩子,然後再客觀地向孩子呈現別人家孩子的優點。這樣,孩子從心理上比較容易接受。

|| 父母是第一任引導者 ||

傑克・威爾許（John Francis "Jack" Welch, Jr.）是位商界傳奇人物。自從他擔任奇異董事長兼執行長以來的 20 年內，他讓奇異的市場價值成長了 30 多倍，在世界上的排名也從第 10 名提升到了第 1 名，他所推行的「六標準差」標準、全球化和電子商務，對現代企業產生了十分重大的影響。

但就是這樣一個商界傳奇人物，小時候卻是個自卑的孩子。1935 年 11 月 19 日，威爾許出生了。他有一個不苟言笑的父親，父親的工作很辛苦，每天都早出晚歸，於是，母親就成了韋爾奇的主要照料者。

威爾許是父母的「老來子」，還是家裡唯一的孩子。儘管如此，威爾許的母親卻從來不會溺愛兒子，十分重視對威爾許的教育。威爾許有口吃的毛病，還因此很自卑。母親十分了解威爾許的自卑心理，不僅沒有打擊他，還變著法子訓練他的能力和意志力。

在威爾許的印象裡，母親在他成長的過程中是個權威般的存在，就是因為母親的教育，威爾許才對自己充滿了信心，才變得那麼獨立。

不過，母親也不是一味地鼓勵威爾許。當威爾許做錯事情的時候，她會嚴厲地懲罰他。每當威爾許遇到挫折時，母親都會用鼓勵式的語言讓他盡快振作起來。威爾許對母親十分敬佩，甚至崇拜，母親總是那麼讓他心服口服。

雖然威爾許一直在克服口吃的毛病，但效果卻並不怎麼明顯，直到成

年後他還有一些口吃。這時，母親對他說：「孩子，這算不上什麼缺陷，只能說明你的嘴巴無法跟上你聰明的腦袋。你必須得面對這個現實，不要害怕與人溝通，因為只有溝通才能讓別人了解你，才能幫你交到朋友，這樣才能主宰自己的命運。」母親的這番話帶給威爾許很大的影響，他開始正視自己的缺陷，不再以口吃為恥，在說話的時候也更加自信。

學生時代的威爾許十分喜歡運動，尤其喜歡打曲棍球，還經常代表學校到其他城市參加比賽。每次比賽之前，母親都會親自把威爾許送到火車上，但並不陪他一起去參加比賽，她想讓兒子知道她很在乎他，但要培養他的獨立性。在高中時期，威爾許一直擔任曲棍球隊的隊長，這段經歷讓威爾許對管理有了一點點自己的理解。

高中畢業後，威爾許想進入哈佛、耶魯、史丹佛這樣的名校學習，但卻未接到這些學校伸出的橄欖枝，反倒是周圍許多好朋友得償所願，於是他便只能到麻薩諸塞州大學去上學。這個結果讓威爾許十分沮喪，還有些不甘心。這時母親安慰威爾許，讓他既要面對現實，也要盡快振作起來。母親還告訴威爾許，雖然麻薩諸塞州大學不像哈佛、耶魯這樣的大學有名氣，但很可能是最適合他的大學。

事實證明，威爾許的母親是對的。在這所學校裡，威爾許學到了最重要的一樣東西，那就是自信，而這份自信也成了威爾許以後經營管理奇異的祕訣。威爾許甚至慶幸自己沒有被名校錄取，不然他一定會被更多優秀的年輕人擠壓得一點自信也沒有了。

威爾許在大學畢業後，繼續攻讀了研究生和博士學位，然後就進入了奇異公司工作，直到把奇異公司打造成一個充滿了蓬勃生命力的、盈利排名全球第一的世界級大公司，他也因此被譽為美國當代最成功、最偉大的企業家。

　　當一個人來到這個世界上時，父母是他首先接觸到的人，父母也是他人生中的第一任引導者，父母的教養方式會給他的人生留下深深的烙印。不同性格的父母在養育孩子的過程中，所使用的方式是不一樣的，這些都會影響孩子未來的性格和行為方式。

　　如果孩子總是能從父母那裡獲得正向的暗示，那麼他的性格中就會被增添進堅定和自信的元素，而他也會認真聽從和考慮父母所給的建議。如果父母總是給孩子以負面的暗示，那麼孩子的性格就會變得懦弱、自私和自卑起來。

　　一項調查結果顯示，凡是在成年後取得成功的人，在他的早年經歷中，家人的正向暗示往往是必不可少的。在一個人的人格特質上，排除氣質的先天因素外，有80%的部分都是在幼年形成的，而這段時間恰恰是與父母最親密的時候。在一個人成年後，自然也會出現一些特別的事件或人來改變他的人生觀或價值觀，但這種改變並不是「傷筋動骨」的改變，只是在原來形成的人格特質上「添磚加瓦」而已。因此，父母必須重視對孩子的心理暗示教育。

　　雖然許多父母都開始重視對孩子進行鼓勵式的教育，但在實際生活中更多的卻是在使用負面的心理暗示。許多父母都對子女充滿了期待，都希望自己的孩子能出人頭地，因此，他們總是拿自己的孩子與更優秀的孩子相比較，然後再貶低自己的孩子。這樣的暗示往往很容易讓孩子產生自卑的心理，甚至會讓孩子對父母產生一種怨恨的心理，長大後更容易變得叛逆起來。

　　鼓勵式的教育雖然屬於正向暗示的一種，但在使用的時候一定要注意頻率，不能使用得過於頻繁，因為這樣容易讓孩子反感，總是受到誇獎的

孩子還很容易變得自負，對自身沒有一個切合實際的認知。一項調查研究顯示，如果一個學生自我感覺過於良好，在求學的時候就不會努力。

此外，還要注意鼓勵的語氣，不要讓孩子感覺到敷衍或不真誠。我們都有這樣的體驗，喜歡聽到真誠的誇獎。如果誇獎不真誠，那麼就會讓人覺得虛偽，甚至有拍馬屁的嫌疑。因此，父母在誇獎孩子的時候，一定要出自真情實感，只有這樣才能產生正向暗示的效果。

小孩子是十分敏感的，也非常懂得察言觀色。雖然小孩子對人與人之間的關係說不出個所以然來，但卻能感受到父母對自己的愛意，能敏銳地捕捉到父母的哪句話是真心誠意地誇讚自己，哪句話只是隨口一說而已。

每個孩子都有屬於自己的天賦，父母的任務就是發現孩子身上的天賦，並且用正向暗示的方式加以引導。在這樣的環境下長大的孩子，在成年後往往會很有自信，在工作的時候也會表現得非常出色。

雖然父母是孩子生命中的第一任引導者，但孩子的人生路還是要自己去走，因此父母一定得讓孩子學會正向的自我暗示，這樣孩子在以後的人生中，即使沒有父母的陪伴，也能透過正向自我暗示的方式改變自己的生活。

正向自我暗示最關鍵的一點就是「相信我能」。這點說起來容易，做起來卻很困難，尤其是當一個人面對挫折的時候。當一個人失敗時，就會開始懷疑自己的能力，覺得自己就是個笨蛋。如果一個人每天都覺得自己是個笨蛋，那麼最後他很有可能真的會變成一個笨蛋。為了避免這種負面暗示的影響，就必須學會正向的自我暗示，例如，在遇到困難時，要學會對自己說：「我一定可以，只要堅持下去，就一定能取得成功。」這種正向的自我暗示看起來稀鬆平常，但卻可以增加一個人的自信心，甚至使一個

人的心態得以改變。

　　正向的自我暗示有許多方式，父母在教孩子如何正向的自我暗示時，一定要強調積極正面的詞語和語句的重要性，並告訴孩子，只要堅持向自己的潛意識輸入積極正面的暗示訊號，就一定能走出失敗的陰影。

Part 6

暗示與社交
── 人際交往中的潛規則

　　人際關係對於我們來說十分重要，會影響我們的身心健康。如果一個人總是處於孤單的境況下，那麼他就會產生壓力。因為孤單的人往往無法獲得來自他人的支持，需要獨自一人面對生活中的壓力，會覺得自己孤立無援。

沒有人是一座孤島

　　小偉從小就是一個性格內向的孩子，除了不愛說話和見到陌生人容易害羞外，與其他孩子並無明顯差別。當小偉進入青春期後，就開始顯現出了社交恐懼的徵兆，不敢在陌生人面前說話，也不敢直視對方的眼睛。這種接近病態的害羞內向的性格讓小偉幾乎沒有朋友，事實上小偉也拒絕與同伴接觸和交流，因為當小偉與對方接觸或交流的時候，會被極度的緊張情緒所籠罩，從而產生一種壓迫感，會因為擔心和焦慮而導致肌肉緊繃的身體變化，特別是脖子會變得十分僵硬。同時，小偉也會覺得十分孤單。

　　上學期間，小偉雖然恐懼與他人交往，但好在不影響功課。但在踏入職場以後，小偉再也無法像從前一樣拒絕與他人接觸和交流。因為在開展工作的時候，小偉需要和同事交流，也需要和上司交流。可是小偉在與人交流的時候高度焦慮，嚴重時甚至會出現心悸、顫抖的症狀。有一次，小偉接到了一項任務，可是由於緊張，小偉頻頻出錯，為此他遭到了上司的責備。小偉當時感覺沮喪極了，覺得自己是一個沒用的人，是一個被社會隔離的人。小偉也很想適應社會並且學會與他人交流，可是他發現這種對於其他人來說可以輕而易舉做到的事情，對於自己來說卻難如登天。

　　後來，小偉在與他人交往的時候變得越來越緊張。現在小偉每天上班之前都會壓抑得喘不過氣來，不僅需要面對讓自己緊張的人群，還需要面對因為緊張而出醜的擔憂。下班以後，小偉的精神狀態也不會得到放鬆，

他會不由自主地回想自己白天所經歷的一切，尤其是自己出醜的經歷。雖然小偉知道這種做法不過是徒添煩惱罷了，但就是無法控制。

小偉的事例告訴我們，人際關係對於我們來說十分重要，會影響我們的身心健康。如果一個人總是處於孤單的境況下，那麼他就會產生壓力。因為孤單的人往往無法獲得來自他人的支持，需要獨自一人面對生活中的壓力，會感到孤立無援。生活的壓力再加上沒有人給予他心理上的支持，他會變得越來越焦慮。大腦會接收一種威脅的訊號，會對他的身心產生各種負面影響。相反，一個人在面對生活的壓力時，如果能獲得親朋好友的支持和關愛，那麼這種隨之而來的焦慮感也會減輕許多。

在所有的人際關係上，兩性關係算是最親密的一種。研究顯示，如果一個人有穩定的婚戀關係，那麼他的身心狀態往往是健康、長壽的。

在一項實驗中，實驗者找來了一些已婚或處於戀愛關係中的人，和單身的在讀研究所的做實驗參與者。首先，所有的參與者需要接受唾液採集，然後實驗組織者才能讓他們參與一項高難度的電腦遊戲，並讓他們以為這是一項考試，如果通不過就會對畢業和將來的就業或工作產生負面影響。在遊戲結束後，所有的參與者還要再次接受唾液採集。實驗者會根據所有參與者的唾液樣本測試出他們的激素指標，從而了解參與者參加遊戲前後的壓力水準。

結果顯示，所有參與者在參加遊戲後，壓力水準都上升了。但已婚或處於戀愛關係中的參與者的壓力水準要遠遠低於單身的參與者。這個實驗結果說明，兩性關係是有助於幫助人們對抗壓力的。

在現代社會，對於許多單身的人來說，他們之所以樂於保持單身，是因為恐懼婚姻帶來的壓力。但實際上，婚姻雖然會帶來壓力，但同時也會

幫助人們克服壓力所帶來的各種心理問題，大多數人還是殷切地希望能找到自己的另一半。對於人這種社會性的動物而言，我們是需要有人陪伴的。

當一個人處於戀愛關係中時，他的心情會出奇地好，會覺得自己得到了另一半的關愛，得到了支持，整個人都會處於非常放鬆的狀態。但是，並不是所有的戀愛關係都能帶給人放鬆、愉快的感覺。如果一對戀人總是發生爭吵，那麼這種戀愛關係帶給人的就只能是壓力。

在婚姻關係中也是如此。如果一個人的婚姻總是處於爭吵之中，那麼這種婚姻關係不僅不能讓人覺得放鬆，反而會使人備感壓力。研究顯示，遭受家庭暴力的女性更容易生病。

孤單是每個人都會遇到的心理狀態，但在現代社會中卻有不少人將孤單變成了生活常態。孤單的人不僅很難獲得愉快的心理感受，其身體狀況一般也較差。研究顯示，孤單的人更容易患上心臟病、乳腺癌、阿茲海默症，也更容易產生自殺的傾向。這是因為當一個人處於孤單的境地時，會出現一種壓力反應。

想要逃離孤獨是我們的本能之一。在遠古時代，人類之所以選擇以群體的形式來生存，就是因為一個人總是很脆弱，抗風險能力很低，尤其是當一個人面對凶猛的野獸時。也就是說，在遠古時代如果一個人落單了，那麼他生存的機率將會大大降低。因此一個人一旦感覺孤獨，就會出現一種壓力反應，會想要逃避這種狀態。

在現代生活中，因為種種便利的條件，一個人可以完全脫離群體而生活。例如，現如今出現了許多「宅男宅女」，即一種「足不出戶」的生活狀態，吃飯用泡麵或外送解決，並透過電腦打發時間。這種生活方式在許多

年輕人中間是大受歡迎的，並被認為是一種新型的生活方式，但這種生活方式卻會帶來許多負面的問題。除了會帶來頸椎病、腰肌勞損等疾病，還會使人喪失人際交往的能力，會使人在與他人相處的時候變得越來越「羞澀」，甚至會出現溝通障礙等心理問題，嚴重者就會如案例中的小偉一樣，患上社交恐懼症。

　　我們生活在人類社會的汪洋大海中，以種種方式彼此影響、連線。沒有人能成為一座孤島，獨立於整個社會之外。為了融入社會，我們就必須投入到人際交往中，學習人際交往的技巧，了解人際交往的規則，其中就包括心理暗示在人際交往中發揮的微妙作用和影響。

|| 人際交往中的互悅機制 ||

　　弗朗西斯・畢卡比亞（Francis Picabia）是位著名的畫家。他是個很有個性的畫家，不像其他畫家一樣一直保持著一種創作風格，他的創作模式從來都沒有固定過，一直在不停地改變，有時候是抽象的風格，有時候又會回到具象藝術上；畫了一段時間的超現實主義作品，就會去重操學院派裸體創作的「舊業」。

　　除了畫風特別，畢卡比亞的思想、朋友、住所等也一直在不停地變化，每當他開始熟悉一件事物時，就會拋棄它，然後尋找新的事物。他在追求自由上表現得十分極端，已經到了絕對自由主義的地步。總之，在許多人的眼中，畢卡比亞就是個不幹正經事的人。

　　一次，畢卡比亞再次搬家了，他的適應能力很強，很快熟悉了新環境。畢卡比亞對這個新環境還算滿意，唯一不滿意的地方就是那個瘦小的房東太太。房東太太對畢卡比亞的態度很不好，讓畢卡比亞覺得她總是在故意找自己的麻煩。

　　一天晚上，畢卡比亞回來得比較晚，忘記關掉走廊上的燈。房東太太知道後，整整抱怨了畢卡比亞一天，讓他十分頭疼。房東太太還經常向其他的房客抱怨畢卡比亞。每到快要交房租時，房東太太就會死盯著畢卡比亞，好像擔心他會欠租逃走一樣。

　　後來，畢卡比亞隔壁一直空著的房間被房東太太租了出去，租房子的

是個小夥子。不久後，畢卡比亞發現房東太太對他和新來的小夥子的態度有著天壤之別。房東太太很照顧那個小夥子，有好幾次畢卡比亞發現房東太太向新來的小夥子熱情地打招呼，但卻不理他，有時候房東太太還會主動邀請新來的小夥子到她家去吃飯。房東太太這樣的差異對待，既讓畢卡比亞感到吃驚，同時還有因為不公平產生的憤怒情緒，他覺得同樣是房客，為什麼自己會被房東太太討厭呢？

為了解開心中的疑惑，畢卡比亞開始細心觀察這兩個人。幾天後，畢卡比亞終於找到了問題所在。畢卡比亞發現，那個小夥子每次見到房東太太都會有禮貌地打招呼，而自己卻根本懶得看房東太太一眼；而且小夥子每天晚上都會主動關上走廊的燈，但畢卡比亞卻從來不會主動這樣做。畢卡比亞換位思考了一下，他覺得如果自己是房東，也會喜歡這個新來的房客。畢卡比亞開始了自我改變。

其實，房東太太是故意「刁難」畢卡比亞的，因為她覺得畢卡比亞的性格太過急躁和驕傲。一段時間後，房東太太發現了畢卡比亞的改變，開始主動和畢卡比亞打招呼，這讓畢卡比亞有了受寵若驚的感覺。從此之後，畢卡比亞與房東太太的關係越來越好，還經常到房東太太家去吃飯。這裡也成了畢卡比亞居住時間最長的地方。

在心理學上有一個被稱為「互悅機制」的理論，這種理論是說人與人之間相處，是要將心比心、以心換心的。也就是說在人際交往中，沒有一個人會毫無理由地喜歡另一個人，也不會無緣無故地討厭另一個人。一個人想要獲得他人的喜愛，那麼就必須向對方發出友好的訊號。每個人都有這樣的心理，願意親近對自己友好的人，而遠離厭惡自己的人。

如果一個人的人緣不好，那麼他通常會是一個不善於主動表達自己的

人，也就是說他不擅長發出友好的心理暗示訊號。這樣周圍的人就會誤以為他不喜歡自己，自然就不會主動和他交往。

小雪是個長得很漂亮的女子，還有一份不錯的工作，但她卻有一個煩惱，就是找不到男朋友。許多人都覺得非常奇怪，像小雪這樣優秀的女孩怎麼會找不到男朋友，按理說她周圍的追求者應該有很多。原來，小雪是個不會表達自己內心感受的人。曾經有小雪心儀的男人追求過她，但對方在表達了自己的心意後，根本接收不到小雪的回應，漸漸地對方誤以為小雪對自己沒意思，慢慢就疏遠她了。

互悅機制在人際關係中十分重要，尤其是在男女關係中。當你喜歡一個人的時候，恰巧那個人也喜歡你，你就會覺得非常驚喜，會更加喜歡對方；如果你喜歡的人根本不喜歡你，甚至表現出厭惡你的言行，那麼你就會覺得非常傷心或沮喪，從而變得不再喜歡對方，甚至會因愛生恨。

既然互悅機制這麼重要，那麼我們該如何在人際交往中應用這個理論呢？

喬·吉拉德（Joe Girard）是世界上著名的汽車業務員，他之所以能得到顧客們的喜愛，並創造出平均每一個工作日賣掉 5 輛汽車的銷售紀錄，就是因為他是個可以成功利用互悅機制的高手。

吉拉德為了讓顧客喜歡他，會主動做一些在很多人看來沒用的事情。每逢節假日的時候，他會為每一位顧客送去一張問候的卡片。卡片的內容也會隨著節日的變化而變化，不過有一句話是永恆不變的，這句話就是：「我喜歡你。」吉拉德這麼做，就是為了向顧客們表達自己對他們的喜愛。

互悅機制之所以會被稱為互悅機制，就是因為喜歡是相互的。既然吉拉德已經表達出自己的友好了，那麼顧客也會做出回應。這種微不足道的

小事帶給吉拉德每年超過 20 萬美元的收入，還創造了連續 12 年銷售第一名的紀錄，因此被金氏世界紀錄認定為最偉大的汽車業務員。

互悅機制在現實生活中十分常見，還引起了心理學家的重視，在 1982 年，美國威斯康辛大學還曾進行了相關的實驗。

實驗者將參與者分成了甲、乙兩組，然後讓他們進行保齡球比賽。在初賽階段，兩隊的比賽結果一致，各自擊倒了 7 個球瓶。但在中間休息時，各隊的教練分別對隊員採取了不同的態度。其中，甲隊教練走過去對自己的隊員說：「初賽時，你們表現得很棒，擊倒了 7 個球瓶，接下來的比賽中要繼續努力！」乙隊的教練卻在訓斥自己的隊員：「怎麼才擊倒了 7 個球瓶，你們的表現真夠差勁的！平時我怎麼訓練你們的都忘了嗎？」

在接下來的比賽中，甲隊表現得越來越好，因為他們從教練那裡得到了很大的鼓勵。但乙隊由於教練的訓斥顯得很不高興，在比賽時狀態也不好，隨著比分越來越低，乙隊隊員們開始變得不耐煩起來，結果越打越糟糕。最終，甲隊贏得了比賽。

這個實驗結果說明了，人們比較傾向於接受自己喜歡或親近的人所提出的意見和要求。因此在向他人提出要求時，必須得表現出友好的態度，這樣對方接受起來會比較容易，而且不會產生排斥感。

在使用互悅機制時，可以採用直接的方式，例如直接告訴對方我喜歡你。我們也可以透過讚美對方來表達自己對對方的喜愛之情。但讚美必須得是出自真情實感，不要給予人虛假的感覺，因為不是由衷地讚美很容易讓人把它誤以為是諷刺。

讚美的方式有許多種，其中向對方表達自己的羨慕之情是最好的讚美方式。

　　有一個法官想要美化一下自己的莊園，於是就找來了一個花匠，還為花匠提出了不少建議。這種事如果放在其他花匠身上，會覺得很不耐煩，但這個花匠卻說：「法官先生，你的業餘愛好可真廣泛。我特別羨慕您那漂亮的狗，我還看到您家中有許多在家犬比賽中贏得的藍綵帶。」花匠的這番話讓法官十分高興，他興奮地說：「是啊，是啊，養狗有很多樂趣。你想不想參觀一下我家的狗窩？」

　　接下來的一個小時內，花匠都在法官的指引下看了狗窩和他養的狗，法官還興沖沖地向花匠介紹那些狗贏得的各種獎品。之後，法官問花匠：「你有孩子嗎？」花匠回答說：「有啊。」法官又問：「那他想不想養一條小狗？」花匠急切地回答道：「當然想，他一直和我一樣都很喜歡狗，如果有一條小狗，他一定會非常開心的！」法官說：「那好，我送你一隻。」接著，法官就開始滔滔不絕地向花匠介紹養狗的方法和竅門。說完後又覺得自己說得太多了，花匠可能記不住，於是就開始為花匠寫下餵狗的方法。

　　最後，花匠從法官那裡得到了價值 100 美元的狗。法官之所以會這樣做，就是因為花匠真誠的羨慕讓他感到很愉快。

　　每個人都有值得別人羨慕的地方。因此在人際交往中，我們要善於將這些挖掘出來，然後用真誠的態度加以稱讚，那麼就能收到許多意外的驚喜，不僅有利於建立良好的人際關係，還能獲得快樂。此外，在平常多表達自己的關心，也是發出「我喜歡你」暗示訊號的方式之一。

用幽默調節氛圍

　　溫斯頓‧邱吉爾（Sir Winston Churchill）是英國在第二次世界大戰期間的首相，正是在他的堅持下，英國才沒有像法國那樣淪陷。邱吉爾最讓世人印象深刻的是他的堅持，他在成為首相後，透過演講表明了自己堅決的態度：「我們要做的就是爭取勝利，不論付出多少代價，也要獲得勝利，沒有勝利我們就無法生存。」除此之外，邱吉爾還有一點讓許多人印象深刻，即非常懂得運用幽默的心理暗示策略來化解尷尬。

　　邱吉爾有一個習慣，在每天工作完畢後，都要跳進熱氣騰騰的浴缸泡澡，這能讓他的身心得到極大的放鬆。在泡澡完畢後，邱吉爾會趁著放鬆的狀態在房間內邊走邊思考問題，而且是光著身子。

　　在二戰期間，邱吉爾深知想要打敗德國，就必須得拉美國入夥，為此他不只一次到美國白宮遊說羅斯福總統（Franklin D. Roosevelt），希望美國能給予歐洲戰場以軍事援助。有一次，他來到美國後，並未馬上與總統見面，而是立刻到房間內洗澡。洗完澡後，邱吉爾像往常一樣光著身子在房間裡踱步。這時，有人敲門了，邱吉爾以為是隨從，就隨口說道：「進來吧，進來吧。」

　　結果，門一開啟，門口出現的是美國總統羅斯福，他立刻看到了一絲不掛的邱吉爾，羅斯福覺得很尷尬，就準備退出去。邱吉爾的反應很快，他伸出雙臂，大聲喊道：「總統先生進來吧，大不列顛首先對美國總統是

坦白的，沒有什麼東西要隱瞞。」羅斯福一聽，立刻哈哈大笑起來。

在二戰末的一次國際會議上，美國、蘇聯、英國的領導人羅斯福、史達林（Joseph Stalin）和邱吉爾見面後，史達林就對邱吉爾說：「邱吉爾先生，你雖然贏得了戰爭，但卻在國內的競選中失敗，你的選民罷免了你。你看看，有誰敢罷免我！」邱吉爾隨即說道：「我打仗的目的就是為了捍衛選民罷免我的權利！」

在邱吉爾 75 歲的生日會上，一位年輕的新聞記者對邱吉爾說：「真希望明年還能來為您慶賀生日。」這種話對於高壽老人來說都是很忌諱的，但邱吉爾卻毫不在意，他拍了拍年輕人的肩膀，然後說道：「我看你的身體這麼壯，應該沒有問題。」

在人際交往中，人們往往很容易遇到尷尬的局面，這個時候就會產生難堪的感受，會影響我們的心情，於是化解尷尬，調節氛圍就變得尤為重要。化解尷尬能幫助我們獲得良好的人際關係，還能拉近彼此之間的心理距離。如果在面對他人的調侃或是刻意刁難時，不會用幽默的方式來化解，那麼彼此之間都會耿耿於懷，從而影響雙方關係的發展。

在公眾場合面對尷尬時，幽默總是最好的選擇，能輕易地讓在場的人，包括刻意為難你的人，立刻體會到輕鬆和快樂的感受。如果尷尬是因玩笑過頭，那麼幽默能讓開玩笑的人意識到自己的玩笑開大了，甚至還會感激你沒有因此而生氣。

在現實生活中，我們常常發現，富有幽默感的人不僅有好人緣，還總是很快樂。這是因為幽默的人總是以樂觀、幽默的態度去對待周遭所發生的一切，能帶給周圍的人快樂。

此外，幽默還能幫助我們化解悲傷情緒。當令人覺得難過或悲傷的事

情發生時，每個人都會有不同的反應。大多數人都會覺得悲傷、遺憾甚至是絕望，但有的人會選擇用嘲諷的態度去看待悲劇，於是就會出現黑色幽默。這種幽默不僅不是病態的，還能使人的負面情緒得以緩解，從而變得不再那麼悲傷。

在一項實驗中，實驗組織者找來了 30 位身心障礙人士，然後讓他們看一些和身障有關的漫畫笑話。與此同時，實驗組織者會觀察參與者的反應，之後讓他們填寫一些調查問卷，從而更準確地統計出他們的感受。

對於身障人士來說，身障是件讓人覺得十分難過的事情，如果有人調侃身障，那麼他一定會很生氣。但實驗結果顯示，在觀看了許多和身障有關的笑話後，他們不僅沒有生氣，在面對身障這個事實時，反而顯得更輕鬆了，表現出了較高的活力和自我控制力，對自己的看法也比之前好了很多。這個結果說明，幽默是我們在面對悲劇時，使自己有效恢復的方式之一。

有研究者還發現，對於失去親人的人，如果他在一段時間後能盡快地從悲傷中恢復，並變得快樂，那麼他在處理壓力時會更得心應手，社會適應能力也會增強。還有研究顯示，接受乳癌手術的女性，如果能以幽默的狀態去面對癌症這個事實，那麼她在術後會恢復得更快，對自己的病情也會更加樂觀。

有一種幽默的方式，被稱為自嘲，這是幽默的極致表現，它能讓社交氛圍馬上變得輕鬆起來，還能使人表現出自己的智慧和情趣。

美國總統林肯（Abraham Lincoln）也是個很善於運用幽默來化解尷尬的人。林肯與妻子之間的關係並不好，妻子對林肯總是不滿意，尤其厭惡林肯醜陋的外貌，甚至會當眾指出林肯的缺點。每一次，林肯都能用幽默

的自嘲來化解因為妻子造成的尷尬氛圍。

　　有一次，林肯和夫人正在和幾個重要官員吃晚餐。不知怎麼的，總統夫人突然開始刁難起林肯來：「你吃東西的樣子真難看。不是，你走路的樣子更難看，就好像密西西比河裡的一隻章魚。」在場的人聽到總統夫人的話後，既覺得吃驚，又覺得尷尬，都放下餐具，等著總統的反應。林肯接過了夫人的話：「是嗎？那我得多吃點，這樣我這隻胖胖的章魚就能被端上餐桌了。那味道一定極好了，我覺得還得取個名字，就叫『總統套餐』好了。」在場的人聽到後都笑了起來。林肯輕鬆地運用幽默自嘲使就餐的氛圍重新變得活躍起來。

　　在人際交往中，自嘲往往能發揮巨大的作用，能夠拉近彼此之間的距離，從而讓雙方更好地溝通。此外，自嘲還具有穩定自己情緒的功能，讓自己變得更加自信。

‖ 讓冬色一掃而光 ‖

一天傍晚，瑪麗正在家裡做飯，突然聽到有人敲門，她以為是孩子回來了，就隨手開啟門，結果門外站著一個持著刀目光凶狠的男人。很明顯，男人是來搶劫的，但瑪麗並未露出驚慌的表情，而是微笑著對他說道：「朋友，你真是個愛開玩笑的人，你是菜刀業務員吧？我挺喜歡這把菜刀的……」她邊說邊讓男人進屋，接著說：「你長得可真像我過去的一位鄰居，他是個很善良的人，我們相處得很愉快，看到你，我就想起了過去那段快樂的時光。對了，你是要咖啡還是茶……」

瑪麗的微笑和熱情似乎感染了這個凶悍的歹徒，他原本殺氣騰騰的臉上漸漸露出靦腆的表情來，說話也有點不俐落：「謝謝，哦，謝謝。」

最後，瑪麗真的從歹徒手中「買」下了那把本該架在她脖子上的菜刀。陌生男人拿著錢，遲疑了一會就真的走了，在轉身離開的時候，他說：「太太，你將改變我的一生。」

微笑的臉部動作很容易做出來，只要嘴角上揚即可，但微笑的感染力卻是十分神奇的，它能使你變得更具有親和力，從而贏得他人的好感。俗話說：「伸手不打笑臉人。」每個人看到一張笑臉時，都會接收到友好的心理暗示訊號，對方的微笑似乎是在告訴你：「我對你有好感，遇見你讓我覺得很快樂。」這種友好的訊號，往往會使雙方降低對陌生人的警惕，還能使雙方的心理距離得以拉近，甚至可能會使雙方產生一見如故的感覺。

　　有時候，微笑也能幫助我們化解他人的敵意。在一場宴會上，一個商人因為很討厭卡內基，就在人群中大肆抨擊卡內基。殊不知，卡內基也參加了這場宴會，此時正站在人群中聽這位商人的「高談闊論」。卡內基並未上前阻止，而是微笑著靜靜地站在那裡。等那個商人發現卡內基的時候，他臉上立刻露出了非常尷尬的表情，恨不得立刻溜走。這時，卡內基微笑著向他走去，和他親熱地握了握手，好像完全沒聽到商人講過自己的壞話一樣。從此以後，卡內基就和商人成了無話不談的好朋友。

　　法國大文豪雨果（Victor Hugo）曾經說過：「微笑就是陽光，它能消除人們臉上的冬色。」微笑不僅可以拉近人與人之間的距離，幫助我們調節尷尬氣氛、消除不愉快，還可以成為我們取得成功的利器。

　　在某市市中心的時代大廈中，有一家知名的 IT 公司。有一天，這家公司招了一個新的櫃檯保全。通常，員工們是不會特意關注保全的，但這個新保全卻引起了許多人的注意。新保全的相貌很普通，不是一個能讓人眼前一亮的帥哥，但他的精神狀態卻很不錯，站得筆直，眼睛裡好像有星星一樣，臉上洋溢著熱情的笑容。最特別的是，新保全會主動和每一個來往的人熱情地打招呼。

　　新保全上班不到一個星期，就能叫出自己所在公司所有人的名字。每天早上上班的時候，新保全都會微笑著叫出每一個經過的同事的名字，並告訴對方今天是第幾個到的。下班的時候，新保全還會微笑著提醒所有的人，晚上會停電，請大家提前儲存好資料，或者會對路過的人說，今天工作辛苦了，回去好好休息。

　　起初，很少有人會理會這個新保全，有的人甚至會用奇怪的眼神看著新保全。可時間長了，大家就漸漸覺得這個新保全的熱情和笑容都是真誠

的，開始有人主動和新保全打招呼，有的人甚至會停下腳步和新保全聊一會。到了週末休息的時候，也會有人主動邀請新保全一起去運動或玩遊戲。

這個新保全的名字叫 Dream，是個剛剛畢業不久的大學生，他雖然有電腦和工商管理的雙學士學位，但由於既沒有工作經驗，又不是知名院校畢業的，在畢業後一直找不到一份理想的工作。最後，Dream 就只能暫時到這家 IT 公司當保全。雖然 Dream 的職責只是一名保全，但他並未放棄電腦領域的求知。他在和同事們變得熟絡以後，就會主動找工程師諮詢一些技術方面的問題。於是，Dream 就給同事們留下了一個熱情、愛學習的良好印象。

Dream 終於等來了屬於自己的機會，在 2012 年 2 月，這家公司發出了一個緊急招聘通知，這次招聘員工所要求的條件並不像以往那樣苛刻，只要求員工能熟練操作電腦，能夠完成基礎性的數據整理即可。當時，負責招聘的同事立刻想起了 Dream，於是就在第一時間把這個消息告訴 Dream。Dream 的動作也很迅速，他在幾天後辭去了保全的工作，開始參加面試。最後，Dream 成功入職。

Dream 的這一逆轉立刻引起了記者的注意，記者覺得這是個很不錯的勵志故事，就上門採訪他，問他成功逆襲的祕訣是什麼。Dream 回答說：「是微笑。當你給了別人一個笑臉，雖然不一定能馬上獲得一個笑臉，但只要你能將微笑繼續下去，那麼就會融化掉對方的冷漠，最後對方也會給你一個笑臉。」Dream 還告訴記者：「我在辦公室的桌子上放了一盆自己養的花，還貼著各式各樣的小紙條，上邊都是我的工作計畫。而且我每天都會告訴自己：微笑是對生活最好的感恩方式，我人生的路還很長，還需要繼續努力和學習。」

　　在人際交往中，如果一個人總是板著一張臉，那麼就會導致人際關係緊張，甚至會產生矛盾，使雙方變得對立。但這一切都可以透過一個很簡單的動作來化解，這個動作就是微笑。微笑可以使雙方的心理、情緒和思維都得到最快的放鬆，這樣人際關係的緊張度也會隨之降低。總之，微笑是人際交往中一種易學且充滿智慧的交際手段。

　　在人際交往中，學會控制自己的情緒是一項十分重要的能力。如果你在人際交往過程中的情緒不怎麼好，或是處於高度緊張的狀態，那麼最好露出微笑的表情。之後，你就會發現原來微笑的效果是這麼明顯。

　　當你每天早上收拾完畢後準備出門時，最好照一下鏡子，對著鏡子做出一個你自認為完美的笑臉，並告訴自己，這個笑臉是做給自己的，會為自己帶來好運。微笑會使你看上去更加自信，不僅會為你的工作或學習帶來動力，還會感染周圍的人，人們會對你產生不一樣的感覺。而且，微笑還能帶給我們樂觀正向的心態。你可以做這樣一個簡單的測試：先做出一個笑臉，然後微笑著想一件令你不愉快的事情。之後，你就會發現那件事情好像也沒那麼糟糕。這是因為當我們做出笑臉的時候，我們就在向自己傳達這樣一個心理暗示訊號：「生活是美好的！」

　　雖然微笑在人際交往中十分重要，但並不意味著只要笑一笑就萬事大吉了。人畢竟是有敏銳感覺的動物，能感覺到一個人的微笑到底是真誠的、發自內心的，還是虛偽的、做做樣子的。虛假的微笑會讓人產生厭惡之感。想要露出真誠的微笑，就必須注意自己的眼睛是否帶著笑意，因為假笑往往都是嘴角上揚，但眼睛卻沒有變化。

Part 7

暗示與魅力
—— 變身為「萬磁王」

　　如果我們注意觀察就會發現，在現實生活中，那些對自己充滿了自信的人，往往有著一種非凡的美麗，總會輕鬆地吸引他人的目光，甚至會傳遞給人一種力量，能從心底打動他人，並贏得對方的好感。

‖ 自信讓你更美麗 ‖

　　在一個小鎮上，有一個女孩生活得十分貧困，她的父親很早就過世了，只留下她與母親相依為命。母親收入微薄，只夠母女兩人日常開銷，根本沒有多餘的錢為她買漂亮的裙子，更別說美麗的飾品了。

　　貧困的生活讓這個女孩從小就非常自卑，也沒有什麼朋友，每天把自己封閉起來。隨著年齡的增長，女孩開始越來越羨慕其他女孩擁有的漂亮衣服和飾品，她希望自己也能擁有這些。但這只能想想，她和母親根本沒錢買這些東西。因此，自卑的她在大街上行走時，總是低著頭，別人看不到她的臉，她也不敢與別人對視，總覺得別人會取笑她。

　　在過生日的時候，其他的孩子都會收到一份精美的生日禮物，但這個女孩卻從來沒收到過，不是她的母親不想送，而是實在沒有錢。到了女孩 18 歲生日的時候，母親覺得這個生日意義非凡，就將省吃儉用累積下的 20 美元給了女兒，並對她說：「孩子，用這些錢買些你喜歡的生日禮物吧。」

　　女孩很開心，就拿著這 20 美元去了商店。在去商店的路上，女孩依舊自卑地低著頭走路，不敢讓其他人注意到自己。不過，女孩會偷偷打量其他女孩的穿著，每當看到打扮得光鮮亮麗的女孩時，她就更加自卑，心裡想：「我是這個鎮上最窮的女孩，沒有人願意和我說話，也沒人願意做我的朋友，就連我喜歡的男孩也不會多看我一眼。」想著想著，女孩就來

到了商店門口。

　　走進商店後，女孩看到了許多漂亮的飾品，她的目光一下子就被吸引住了，她很喜歡這些飾品，但她的身上卻只有 20 美元，她不知道自己該買哪一個。就在這時，店員走了過來：「女孩，你長得真漂亮，尤其是這一頭褐色的頭髮，簡直太漂亮了。我覺得這個頭花很配你褐色的頭髮，你戴上一定很好看。」女孩被店員說動了，就接過了那朵淡綠色的頭花，她先看了看標價，是 18 美元。她覺得太貴了，準備拒絕的時候，店員已經把頭花戴在了她的頭上，並拿出鏡子讓她看：「你快看看，你是鎮上最漂亮的女孩。」女孩看著鏡子裡的自己，也覺得美極了，就不再猶豫，買下了頭花。

　　付完錢後，女孩十分開心，她不再自卑了，開始陶醉在自己的想像之中。她快速地走出商店，就連在門口撞到了一個人也沒注意，她已經迫不及待地想讓所有人看到自己的美麗，尤其是自己心儀的男孩。

　　當女孩走到大街上時，她覺得周圍的人都在議論自己的美麗，所有羨慕和驚訝的目光都集中在了她的身上。不一會，女孩看到了自己心儀的男孩，男孩主動邀請她做舞伴。這讓她十分開心，就決定再回商店用剩下的兩美元為自己買點東西。結果在商店門口她碰到了一個老人，老人對她說：「女孩，我就知道你會回來的，剛才你撞到我的時候將你的頭花弄掉了，我在等你回來取。」這個時候，女孩才恍然大悟，原來讓她美麗的並不是頭花，而是自信。在自信的心理暗示下，原本自卑封閉的女孩變得魅力四射起來。

　　如果我們注意觀察就會發現，在現實生活中，那些充滿了自信的人，往往有著一種非凡的美麗，總會輕鬆地吸引他人的目光，甚至會傳遞給人

一種力量，能從心底打動他人，並贏得對方的好感。

　　氣場是我們常常聽到的一個名詞，也被稱為吸引力或魔力。氣場強大的人很容易吸引別人的目光，好像在對周圍的人散發隱形的能量一樣。氣場這個名詞說起來十分抽象，但在我們的現實生活中，每個人的確能散發出一種不可言說卻吸引人的力量，這種力量就是我們常常說的氣場。

　　我們雖然看不見心理暗示所產生的力量，但可以感受到一個人在心理暗示下散發出的強大氣場。當一個人身處危險境地時，如果能運用心理暗示，擺出一副自信的姿態來，那麼就能戰勝因危險而產生的恐懼。

　　一天晚上，小雨下班比較晚，在步行回家的路上，她突然看見兩個男人從街對面朝著她走過來，她覺得他們的行為舉止有些怪異，立刻變得警惕起來。這兩個男人慢慢靠近她，然後分開行動，一個人朝著小雨走過來，另一個則溜到了小雨的身後。小雨的直覺是對的，這兩個男人圖謀不軌，她現在正處於危險之中。十分恐懼的小雨開始迅速地思考對策，她想到了逃跑，但很顯然成功率非常低；她還想到了呼救，但附近好像沒什麼人。

　　最終，小雨挺直腰板，邁著堅定的步伐迎面走了過去。看到如此有自信的小雨，迎面走來的那個男人立刻慌了，他被小雨的反應嚇住了，於是就突然轉頭走了。而跟在小雨後面的男人看到此景後，也離開了。小雨因此躲過了一劫。

　　自信可以讓一個人的氣場變得強大起來，當我們感到自信時，整個人的姿勢、眼神、面部表情以及氣勢都會發生變化，而別人會明顯地感知到你強大的氣場。也就是說，在自信的心理暗示下，我們的語言和肢體都會傳達一種強大的訊號。

在伊麗莎白‧湯瑪斯（Elizabeth Thomas）所著的《狗的祕密生活》（*The hidden life of dogs*）這本書中描述了這樣一個故事：米莎是隻西伯利亞愛斯基摩犬。在牠 2 歲時的一天晚上，牠正在散步，迎面走來了一隻體型龐大且性格凶猛的聖伯納犬。米莎明明很害怕，但還是做出了一副自信滿滿的樣子，高昂著頭，尾巴放鬆著高高豎起，從聖伯納犬身邊走了過去。米莎以假裝的自信，給了自己一個很好的暗示，成功地戰勝了自己內心的膽怯。

每個人都具有一定的氣場，而氣場的強弱往往決定了你影響力的大小。許多人都很羨慕那些看起來充滿了自信和魅力的人，這其實都是心理暗示在發揮作用。如果你也想變得充滿魅力，那麼就得利用心理暗示讓自己自信起來。當你決定做一件事情時，要告訴自己：「別人能做到的，我也可以。」千萬不能有打退堂鼓的念頭，更不能對自己說：「怎麼可能？我又不像他那麼有魅力。」如果總是有這樣的想法，那麼你的氣場就會在這樣的心理暗示下變得越來越弱，最後會被他人所影響。

想要變得自信起來，就必須做到兩點：第一點是不能看輕自己。當一個人將自己與更優秀的人比較時，很容易看輕自己，覺得自己不如人，這是一種缺乏自信的表現，同時也會讓周圍的人對你喪失信心。第二點便是學會欣賞自己。每個人都是獨特的，有自己的優點，如果想要讓自己變得自信起來，就必須得學會欣賞自己的優點。

總之，如果一個人對自己充滿了自信，那麼在周圍人的眼中，他就會變得魅力四射，別人會輕易地被他吸引，甚至在不知不覺之中對他產生好感。相反，如果一個人的內心總是充滿了自卑，那麼周圍人就會覺得他是個頹廢、迷茫的人，這樣的人是毫無魅力可言的。

‖ 第一印象最深刻 ‖

在《三國演義》中，徐庶曾對劉備說：「臥龍鳳雛（諸葛亮和龐統），得一而可安天下！」按照徐庶的評價，諸葛亮和龐統在智謀上可以說是不相上下的，但兩人的遭遇卻大相逕庭，這與兩人的相貌是分不開的。

關於諸葛亮的相貌和體態，在小說中有這樣一句話：「玄德見孔明身長八尺，面如冠玉，頭戴綸巾，身披鶴氅，飄飄然有神仙之概。」諸葛亮不僅人長得帥，氣質也很不錯。但龐統的相貌就遠不如諸葛亮了，小說中是這樣描繪龐統的相貌的：「濃眉掀鼻，黑面短髯，形容古怪。」

雖然龐統的名氣也不小，但從未有人主動找他籌謀，他也沒有參與謀劃軍國大事的機會。後來，龐統主動投靠孫權。孫權看到相貌醜陋的龐統，很不高興，再加上龐統目中無人，就拒絕了龐統。龐統無奈之下只能去投靠劉備。

兩個人在第一次見面的時候，通常都會根據對方的相貌、衣著、談吐、風度等方面來做一個初步的評價，於是第一印象就形成了。第一印象對於個人魅力來說十分重要，只要能給別人留下一個深刻的第一印象，那麼以後的交往就會變得容易得多。如果第一印象很糟糕，那麼以後的交往中，很難改變這種糟糕的印象。這是因為人具有保持認知平衡和情感平衡的心理作用，也就是說一個人更傾向於，將後來得到的資訊進行加工處理，從而與已有的觀念保持一致。

　　第一印象在心理學中被稱為「初始效應」。心理學研究發現，當一個人與另一個人初次見面時，會在 45 秒的時間內產生第一印象。第一印象十分重要，會對他人的社會知覺產生較強的影響，而且還會在一個人的頭腦中占據著主導地位，直接影響其以後的一系列行為。也就是說，第一印象的作用很強，持續的時間也很長，會給對方帶來十分強烈的心理暗示。例如，如果一個人給人留下友好的第一印象，那麼他之後做任何事情，在對方的眼裡都會被看成是友好的。

　　美國社會心理學家洛欽斯（A.S.Lochins）在 1957 年做了一個和初始效應有關的實驗。在這個實驗中，洛欽斯編寫了兩段小故事，描寫的是一個名叫詹姆的學生的生活片段。這兩個小故事的主角雖然都叫詹姆，但性格卻是完全相反的。其中一個小故事中的詹姆是個熱情開朗的人，而另一個小故事中的詹姆則是個內向冷漠的人。

　　第一個小故事是這樣的：詹姆和兩個朋友相約出門去買文具，他們走在一條馬路上，當天的天氣很好，充滿了陽光。詹姆和朋友們一邊走一邊晒太陽，他們感覺很舒服。他們走進了一家文具店，店裡有很多人，他們便只能排隊等待。詹姆遇到了一個熟人，就和對方聊了一會。買好文具後，詹姆和朋友告別，向學校走去，在路上他遇到了一個前天晚上剛認識的女孩子，就和對方聊了一會，之後他們便分手告別了。

　　第二個小故事描繪了這樣的場景：放學後，詹姆獨自一人離開學校準備往家走，這天的陽光十分耀眼，他便走在馬路陰涼的一邊，這時他看到了前天晚上遇到過的那個漂亮的女孩。詹姆穿過馬路來到了一家飲品店，店裡有許多人，很擁擠，他還看到了幾個認識的人。之後，詹姆便開始安靜地排隊，直到櫃檯服務員注意到他之後才買了飲料，他拿著飲料坐在一張靠著牆的椅子上，喝完飲料後就回家了。

　　在實驗過程中，洛欽斯將所有參與者隨機地分成了四組，每組參與者雖然都讀了詹姆的故事，但卻是兩個故事不同的排列組合。

　　第一組參與者所讀到的材料組合是，將熱情開朗的詹姆放在前面，而那個內向冷漠的詹姆則放在了後面；第二組參與者所讀到的材料組合是，將內向冷漠的詹姆放在前面，而熱情開朗的詹姆則被安排在了後面；第三組參與者只會讀到熱情開朗的詹姆的故事；第四組參與者只會讀到內向冷漠的詹姆的故事。最後，所有的參與者都需要對詹姆的性格評價。

　　結果顯示，第一組參與者中有78％的人認為詹姆是個熱情開朗的人，第二組參與者中有82％的人認為詹姆是個內向冷漠的人，第三組參與者中有95％的人認為詹姆是個熱情開朗的人，第四組參與者中有97％的人認為詹姆是個內向冷漠的人。這個結果充分證明了第一印象的重要性。

　　在現實生活中，每個人都希望自己能成為受歡迎的人，希望別人眼中的自己是有魅力的。想要讓自己變得受歡迎和具有魅力，就必須得利用第一印象。雖然第一印象並不完全可靠，它只是對一個人表面的、非本質的特徵評價，有以貌取人的嫌疑，但人就是一種注重感覺的動物，一般比較傾向於和那些給人留下友好、大方、隨和印象的人交往。

　　如果我們留心觀察就會發現，兒童十分喜愛第一次見了他就笑呵呵的人，如果這個人能再誇獎他幾句，那麼兒童就會更加喜歡他。初始效應雖然在兒童身上表現得十分明顯，但也會出現在成年人身上，就連美國總統林肯也是如此。一次，林肯因為相貌偏見拒絕了朋友推薦的一個有才能的閣員。之後，朋友責怪林肯以貌取人，並說任何人都無法決定自己的相貌，這是天生的。林肯則隨口說：「一個人過了40歲，就應該為自己的相貌負責。」

　　第一印象之所以重要還與光環效應有關。一個人對某個事物做出了評價後，就會在這個評價的基礎上產生心理暗示，從而推論該事物的其他品質，這種現象就被稱為「光環相應」。也就是說，如果一個人認為某個事物是「好」的，那麼該事物就會被籠罩在「好」的光環之下，這個人會認為該事物的所有特徵都是好的。相反，如果這個人評價的結果是「壞」的，它則會被籠罩在「壞」的陰影之中。

　　關於光環效應，美國心理學家凱利曾在麻省理工學院做過實驗，當然參與實驗的兩個班的學生是毫不知情的。在這一天，學生們像往常一樣來學校上課，但有兩個班的學生卻怎麼也等不來老師，之後有一個人來向大家宣布，老師臨時有事請假了，學校請來了一位研究生代課。接著這個人分別向兩個班的學生介紹了一些有關代課老師的情況。

　　其中一個班得到的消息是，這個代課老師是個熱情、勤奮、務實的人；另一個班的學生得到的消息是，代課老師是個冷漠、勤奮、務實的人。

　　下課後，兩個班的學生分別對代課老師形成了不一樣的態度。其中一個班的學生和代課老師很親密，好像多年不見的老友一般；另一班的學生卻對代課老師敬而遠之，絕不會主動找代課老師談話。之所以會出現這樣的情況，就是光環效應在發揮作用，兩個班的學生分別戴著有色眼鏡去看待代課老師，於是代課老師就被賦予了不同的整體印象。

　　無獨有偶，著名社會心理學家理查·尼斯貝特（Richard Nisbett）也進行過和光環效應有關的實驗。在實驗開始後，實驗組織者告訴學生們，這是一項關於評價老師的實驗研究，然後把學生們隨機分成兩組，隨後又安排他們觀看兩段不同的影片，但影片中的講師都是同一個人，有著很重的

比利時口音。

　　第一組參與者看到的講師是和藹友好的，第二組參與者看到的講師是冷酷而疏遠的。在觀看完影片後，所有學生都需要對講師的外表、特殊的語言習慣評分。結果顯示，第一組參與者認為講師更具有魅力，而他的比利時口音聽起來也是那麼有趣；第二組參與者則感覺講師是個很冷淡的人，給人一種不好親近之感。這個實驗結果同樣證明了光環效應的存在。

　　不論是光環效應，還是初始效應，都要求我們要注重第一印象的影響力。只要能給他人留下深刻、美好的第一印象，那麼，我們就會在光環作用的影響下，擁有更多的優點，從而變得更有魅力。因此，我們需要在人際交往中做到以下幾點：

　　第一，說好第一句話。雖然外貌、衣著等外部特徵對一個人的第一印象十分重要，但談吐同樣重要，它能表現出一個人的內在素養，許多人也可以根據第一句話來推測對方的性格特點，因此一定要說好第一句話。通常情況下，第一句話要以真誠的讚美為主。

　　第二，注重自己的外表，打扮得體。一個人沒有辦法決定自己的相貌，但衣著打扮卻是可以自主決定的。我們常常聽到這樣一句俗語：「人靠衣裝，馬靠鞍。」說的就是衣著打扮的重要性。

　　第三，注重自己的言行舉止，在與他人初次見面時要保持微笑和禮貌，注意分寸和距離。一個人的言行舉止在許多人看來常常代表著他的性格，如果一個人的言行舉止非常得體，就會很容易贏得別人的好感。

|| 給予人如沐春風之感 ||

洛克斐勒（John Davison Rockefeller）是美國著名的石油大王，同時他還是個白手起家的企業家。洛克斐勒之所以能將生意做大做強，並且創造了一個屬於自己的石油帝國，與他卓越的經營能力是分不開的。

在那個時代，資本家與工人們之間的關係處於十分緊張的敵對狀態，常常會出現罷工的現象。而洛克斐勒作為一個企業家，自然也是工人們仇恨的對象。在工人罷工的影響下，洛克斐勒的整個企業都陷入了停業的狀態。有一次，工人們甚至宣布要把洛克斐勒吊死在樹上。

為了解決工人們的罷工問題，洛克斐勒做出了一個讓所有資本家都吃驚的決定：他用了好幾個星期的時間深入工人之中，去了解工人們的工作和想法。後來，洛克斐勒便開始在工人們面前公開發表演說，在演講的過程中，他從來不會吝嗇對工人們的誇獎。

洛克斐勒的種種努力終於產生了神奇的效果，許多工人都覺得洛克斐勒看到了他們的辛勤勞動，怒火漸漸平息。這些都為洛克斐勒帶來了威望，拉近了他與工人們之間的距離，工人的敵對情緒漸漸消逝。

洛克斐勒的誇獎之所以會產生這麼神奇的效果，是因為「南風法則」在發揮作用，也就是說讚揚往往比批評更容易讓人接受。南風法則來源於法國作家拉‧封丹（Jean de La Fontaine）所寫的一則寓言故事。

北風和南風都有無比強大的威力，為了證明誰的威力最大，北風和南

風相約看誰能先把行人身上的大衣脫掉。北風先來了一股寒冷刺骨的大風，結果行人不僅沒有脫掉大衣，反而把大衣裹得更緊了。接下來是南風，南風吹出了溫暖和煦的風，行人立刻覺得渾身發熱，就解開鈕扣，後來隨著南風越來越暖和，行人便脫掉了大衣，最終南風獲得了勝利。

這則寓言故事充分說明了一個道理：溫暖的言行遠遠比冷漠的言行更容易打動人心。我們常常聽到這樣一句俗語：「良言一句三冬暖，惡語傷人六月寒。」在人際交往中，懂得尊重和關心他人的人，往往會讓人覺得溫暖，更能體會到人情味。人們都喜歡和能讓自己感覺到溫暖的人相處，即使這個人的相貌非常醜陋。

《莊子》中記載了這樣一個故事。魯國有個叫哀駘它的人，相貌雖然十分醜陋，但卻很吸引人。相傳，只要和哀駘它待過一段時間的男人，就會被哀駘它的德行所吸引而不想離開他；只要和哀駘它待過一段時間的女人，回家之後就會對父母說：「與為人妻，寧為夫子妾。」哀駘它雖然相貌很醜陋，但卻因為給予人如沐春風的感覺而充滿了魅力，讓人產生親近之感。

心理學家馬利亞阿納‧林德曼曾經說過，想要讓他人對你信服，就必須得讓人感覺到溫暖，讓對方心裡感到慰藉，這樣才能讓他人在不知不覺中接受你。

日本松下公司就是一個十分善於運用南風法則的企業，不僅讓員工從公司文化中感受到尊重和安全感，還會處處考慮員工的利益。

1930 年年初，世界經濟不景氣，日本的經濟受到了嚴重的影響，絕大多數的公司都選擇用裁員、降低薪資、減產等方式來避免破產。這樣一來，許多人都面臨著失業，生活也將毫無保障。

　　松下公司也面臨著銷售額銳減和產品積壓如山、資金周轉不靈的局面。有的管理者提出裁員的建議，被松下幸之助拒絕了。最後松下幸之助採取了一個與其他公司完全不同的做法：不裁員，且工人們每天只需要上半天班就可以，薪資還按全天支付，但是，所有員工在閒暇時要去推銷庫存的商品。

　　員工們都深知松下幸之助的良苦用心，開始想盡一切辦法去推銷商品。就這樣，在全體員工的努力下，倉庫裡積壓的商品在不到三個月的時間內全部被銷售一空，而松下公司也因此避免了破產的風險。

　　此後，每當松下公司遭遇危機時，員工們都會和公司一起努力，因為在他們的心中，公司就是家一般的存在，而松下幸之助也因此得到了員工們的一致讚譽。

　　在第二次世界大戰結束後，日本的經濟陷入了危機，松下公司的經營再次變得困難起來。就在松下幸之助焦頭爛額之際，美軍作為占領軍又發表了一項政令，即要懲罰曾經支持戰爭的財閥，在這份長長的財閥名單上，就有松下幸之助的名字。這意味著，松下公司很可能就要從此消失了。

　　但令人意外的局面出現了，松下公司的所有員工自發地組織起來，掀起了一場解除懲罰松下財閥的請願活動。這讓美軍當局十分吃驚，畢竟員工起來維護企業的事還是首次出現。最終，美軍當局解除了對松下財閥的懲罰，松下幸之助以及松下公司再次絕處逢生。

　　松下公司能屢次創造奇蹟，與松下幸之助的經營管理方式是分不開的。在許多員工的心裡，松下幸之助簡直就是最親民、最有魅力的老闆，因為他總是站在員工的立場去考慮問題。

　　在人際交往中，如果我們運用南風法則設身處地站在對方的立場上去考慮問題，那麼對方就會對你敞開心扉，甚至會為你改變想法或行為。一個人最容易在舒適的狀態下接受他人的暗示，如果一個人總是用嚴厲的語氣去與他人交流，那麼勢必會使對方產生不舒服的感受，甚至會有牴觸的心理。這時，如果你想暗示對方，讓對方接受你的想法，就會變得難上加難了。尤其是當一個人出現錯誤的時候，最好不要使用批評的方式，這樣很難達到你想要的效果。如果在這時使用南風法則，那麼對方就容易因為這份溫暖而對你心存感激，從而主動改正錯誤。例如，我們常常聽到的戴罪立功，其實就是如此。

‖ 人微言輕，人貴言重 ‖

　　約書亞・貝爾（Joshua David Bell）是美國著名的小提琴家，他還曾獲得過格萊美大獎，人們想要聽他演奏曲子，必須得掏錢買演奏會的門票，而且大多數時候是一票難求。一天，貝爾突然想出了一個別出心裁的主意，他把自己打扮成一個落魄流浪漢的模樣，然後帶著他那把 1713 年製造、市場估價約值 350 萬美元的小提琴來到了華盛頓地鐵站，開始了街頭表演。

　　貝爾演奏得十分投入，當時也正值人流高峰期，但貝爾很快就演奏不下去了，雖然從他身邊經過了許多人，但卻很少有人對他所演奏的曲子感興趣，大多數人只是聽了幾秒鐘後就匆匆離開了，要知道貝爾所演奏的都是古典名曲。最讓貝爾沮喪的是，居然沒有人認出他來，他可是經常在電視、雜誌上出現的天才演奏家。在貝爾的街頭表演快要結束時，一位女士終於認出了他，並讚賞了他一番。

　　這場長達 48 分鐘的街頭表演一共為貝爾帶來了 32.17 美元的收入。要知道，貝爾的演奏會門票至少要 100 美元一張，他每次演出的酬金平均每分鐘高達 1,000 美元。可就是這樣一位著名的演奏家，居然在街頭表演時幾乎沒有得到任何的賞識。為什麼會出現這樣令人奇怪的現象？是不是因為貝爾的演奏技術根本就不怎麼樣？這其實是所有人都會出現的心理偏誤，被稱為「權威暗示效應」。

　　所謂權威暗示效應，就是指如果說話的人具有影響力（這種影響力往往與他的社會地位有關），那麼他所說的話就很容易引起別人的重視，並且相信他所說的話是正確的，即「人貴言重」。相反，如果一個人的社會影響力是微不足道的，那麼就會出現「人微言輕」的現象。

　　貝爾的身分是著名的小提琴演奏家，這就意味著他在小提琴演奏領域中具有權威性，因此當他舉辦演奏會的時候，人們會出高價錢買票，然後穿著禮服坐在音樂廳裡聽他演奏，這是對藝術家的一種崇拜。當貝爾打扮成流浪漢的樣子，那麼他所具有的權威性就不存在了，也就不再有影響力了，即使他長得很像貝爾，人們也不會相信他就是貝爾，認為他只是個街頭賣藝的而已。而且在許多人看來，演奏家就應該屬於富麗堂皇的音樂廳，那些街頭賣藝的人都只是不入流的藝人。

　　人們之所以會受到權威暗示效應的影響，是因為權威這個身分往往意味著標準，只要服從了，就替自己上了一層不會出錯的保險。再加上，絕大多數人都信奉權威，如果自己和權威叫板，那麼就相當於和絕大多數人作對，會被周圍的人指責。相反，如果信奉權威，就會和絕大多數人保持一致，還會得到來自各方面的稱讚或獎勵。

　　美國心理學家所進行的一項實驗充分說明了權威暗示效應的作用。某一天，某大學心理學系的學生們正在上課，這時老師向他們介紹了一位從外校聘請來的德語老師，並告訴學生們這位德語老師是從德國來的著名化學家。

　　接下來，化學家就鄭重地拿出了一個裝著蒸餾水的瓶子，並告訴學生們這是他剛剛發現的一種新型化學物質，有些氣味。然後化學家就請聞到氣味的學生舉手，大多數學生都舉手示意。這個結果顯然出人意料，畢竟

蒸餾水是沒有氣味的。舉手的學生之所以能聞到某種味道，是因為在他們看來，這位化學家就是權威，權威說的話就是對的，於是在這種暗示下，許多學生都聞到了「化學物質」的味道。

權威暗示效應在現實生活中十分常見，例如廣告代言人。廣告商在選擇廣告代言人時，一般都會選擇有名氣且形象良好的人，這樣往往能促進商品的銷售。現在的牙膏廣告中，代言人經常會以醫生的形象出現，這是因為在許多消費者的心中，醫生代表著權威和專業，那麼這種牙膏一定是能造成保護牙齒、呵護牙齦的作用的。其實在廣告中那些穿著白袍的人未必是醫生，但這對廣告商來說並不重要，只要能取得行銷的效果就可以了。

如果一個人是權威人士，那麼他在許多人的心目中一定是有影響力並具有魅力的。在人際交往中，如果我們想讓他人對某件事或某個人改變態度和行為，那麼最有效的方式就是利用權威暗示效應。雖然不是每個人都是權威式的人物，但對於一個普通人來說，仍然可以利用權威暗示效應，讓他人感覺你是權威的，然後相信你的話，從而產生影響力。

某小企業在當地小有名氣，為了擴大市場，該企業就決定在各地招募代理商。剛開始，許多代理商對這個小企業並不信任。負責人為了贏得代理商的信任就對他們說：「我們的企業雖然小，但卻得到了許多商界人士的青睞。上次，我帶著我們企業的產品去參加了企業展覽，會上許多人都對我們的產品稱讚不已，就連李嘉誠也很看好我們的企業。」許多代理商一聽李嘉誠的名字，態度紛紛有了好轉。之所以會這樣，是因為李嘉誠在許多人的心目中就是商業領域的權威人士，既然李嘉誠都很看好這個小企業的發展，那麼該企業很可能有前途。

　　在利用權威暗示效應時，我們可以透過借用某位權威人士的頭銜來達到自己想要的效果。例如，當你勸一個人要保持健康的作息時間時，就可以借用健康專家這個頭銜，畢竟健康專家在這方面更有話語權。這一點，中國南北朝時期的劉勰就做得不錯。

　　劉勰在寫完《文心雕龍》後，本以為自己這部嘔心瀝血之作會廣為流傳，但沒想到卻無人問津。為此劉勰就想出一個好辦法，讓當時著名的文學家沈約為自己的作品做宣傳，他想讓沈約審閱自己的作品，但沈約根本不予理睬。後來，劉勰就只能裝扮成讀書人的樣子，將《文心雕龍》送給沈約。沈約看完《文心雕龍》後，給出了十分高的評價，從此之後《文心雕龍》廣為流傳，最終成了經典名著。

Part 8
暗示與記憶
—— 靈魂駭客植入虛假記憶

　　我們的記憶並不可靠。心理學家認爲，人的記憶並不會隨時隨地忠誠於它的主人。在一些特定的情景下，人會受到外界的暗示，從而使記憶被扭曲或更改，而且當事人不會認爲自己的記憶出現了偏差。

‖ 在迪士尼遇到兔巴哥 ‖

　　2002 年，哈佛商學院的凱薩琳・布勞恩和同事們進行了一個植入童年虛假記憶的實驗。布勞恩選擇以去迪士尼樂園遊玩作為材料，因為這是北美孩子共有的童年記憶。在實驗過程中，參與者會被隨機地分成三組，然後被安排閱讀不同的素材。其中第一組參與者所閱讀的素材是，他們在童年時期去迪士尼樂園遊玩時曾和米老鼠握了手；第二組參與者所閱讀的素材和第一組參與者基本相似，只是他們握手的對象變成了兔巴哥。這其實是一種暗示，在利用暗示的方式讓參與者的記憶發生改變。而第三組則作為對照組，不會被刻意地暗示。

　　實驗結果顯示，第三組參與者會否認自己曾與米老鼠與兔巴哥的卡通形象握過手，第一組參與者確信自己曾和米老鼠握過手，第二組參與者確信自己與兔巴哥握過手。這說明，布勞恩的暗示發揮了一定的作用。但第一組實驗的結果無法證明布勞恩植入的到底是不是虛假記憶，因為米老鼠是迪士尼樂園裡常見的卡通形象，也是創始人華特・迪士尼（Walt Disney）的成名作。也就是說，第一組參與者在童年時期可能真的與米老鼠握過手。

　　不過，第二組參與者的情況卻可以證明布勞恩成功了，她成功地透過暗示的方式向參與者植入了一段虛假的記憶。因為兔巴哥這個卡通形象是華納兄弟電影公司所塑造出來的角色，是根本不可能出現在迪士尼樂園裡的。

　　當然，這只是生活中隨時可能發生的一件小事，許多人也不會注意這

種和卡通人物握手的小事情，因此想要往人的大腦中植入這樣一段虛假記憶是比較容易的。但如果是更為重要的事情，還能透過暗示的手段植入一段虛假的記憶嗎？心理學家戴倫·斯特蘭奇為了尋找問題的答案，組織實施了一項實驗。

實驗的參與者都是一些 6 歲和 10 歲的孩子。實驗開始後，斯特蘭奇會安排孩子們看四張照片，其中兩張照片與孩子們的生活經歷有關，展現的是他們生活中的真實經歷；另外兩張照片上的經歷則是虛假的。在這兩張偽造的照片中，其中一張是比較可能發生的，即乘坐熱氣球；另一張照片上的場景是不可能發生的，即和查爾斯王子一起喝下午茶。

實驗結果證明，斯特蘭奇成功地向大多數孩子的大腦中植入了一段虛假記憶，有不少孩子都相信自己曾和查爾斯王子一起喝過下午茶，有的孩子甚至能詳細地描述出這段經歷的細節。不過不同年齡的孩子受這段虛假記憶的影響程度不同，6 歲孩子中的 31% 被成功植入虛假記憶，10 歲孩子中的 10% 被成功植入虛假記憶。這就是說，年齡越小的孩子越容易因為外界的影響而改變記憶。這是因為人的年齡越小，越容易受到暗示的影響。也就是說，兒童更容易受到暗示的影響，並在暗示下被植入虛假記憶。

2004 年，一個名叫傑拉德·阿米洛特的男人從麻薩諸塞州的懲戒中心被假釋出來，他所犯下的罪行直到如今也沒有一個定論，他被指控猥褻罪，但卻缺少證據，所有的證據都只是孩子們的指控。儘管傑拉德否認所有的指控，但依舊被判決為有罪，最後法庭定罪的依據依然只是孩子們的證詞。

傑拉德的案件起因還要從 1984 年說起，那個時候他和母親、姐姐還只是一個托育中心的員工，孩子都喜歡叫傑拉德的暱稱「圖奇」，在他所

照顧的孩子中有一個名叫穆雷‧凱西的小男孩。

在某個夏天，4歲半的凱西出現了許多異常的行為，他開始頻繁地尿床，這讓他的母親十分苦惱。後來，母親就發現凱西連話都不能好好說了，開始像他16個月的弟弟一樣咿咿呀呀地說話。凱西的種種異常行為雖然讓母親覺得很奇怪，但並未引起重視，直到母親發現凱西和自己的表妹玩有性暗示的遊戲，母親才開始懷疑凱西是不是遭遇了什麼可怕的經歷。

一天晚上，凱西又尿床了，母親在為他收拾床鋪的時候，凱西不知怎麼地，開始大哭起來。這讓母親更加懷疑凱西是不是真的遭遇了什麼。凱西的母親有一個弟弟，她弟弟小時候曾被猥褻過。為此，母親把弟弟叫來，讓他和凱西好好談談，看看是否能發現什麼線索。

舅舅在和凱西聊天的時候，提到了自己曾被猥褻的經歷，還對凱西說，如果有人試圖脫掉他的衣服或者讓他做任何不願做的事情，他都應該說出來。聽到舅舅這樣說，凱西思考了一會，然後對舅舅說，有一天我被圖奇（傑拉德）帶到了一個房間裡，他把我的褲子脫掉了。

後來，凱西的媽媽就打電話給社會服務管理局熱線，說她的兒子被托育中心的員工猥褻了。很快，警察便開始調查。警察從托育中心和傑拉德那裡了解到，那天傑拉德之所以會把凱西帶到一個房間並脫下褲子，是因為凱西尿溼了褲子，傑拉德只是帶他換衣服。此外，警察和凱西聊了一會，但凱西根本說不清楚自己哪個地方曾被人猥褻過，也不記得圖奇除了脫他的褲子外還做了些什麼。不過，很快傑拉德就被逮捕了。

事件還未結束，因為警方開始懷疑托育中心的其他孩子也遭遇了猥褻。於是警察就開始詢問托育中心的孩子們，但基本上所有的孩子都說什

麼事情也沒有發生過。隨後，警方便將托育中心所有孩子們的父母召集在一起開會。父母們在聽到有孩子曾遭遇過猥褻的消息後，立刻群情沸騰，紛紛開始擔心起自己的孩子來。這時，社工們發給父母們一張單子，上面寫著孩子在遭遇性侵或猥褻後可能會出現的異常行為，例如尿床、夢魘、食欲不振或在上學的路上大哭。最後，警察告訴父母們，如果自己的孩子出現了上述症狀，一定要報警。

結果，在會議結束後不久，警方就接到了電話，有父母表示自己的孩子出現了異常行為。這時，警察就會對這些父母說，應該持續不斷地向孩子詢問是否遭遇過性侵，即使孩子不承認，父母也不能馬上相信。這其實也算是一種暗示。

隨著越來越多的孩子承認自己曾遭遇過性侵，警方便為他們安排了一名兒科護士蘇珊·凱利，讓蘇珊採訪孩子們。蘇珊是個十分關注兒童性侵案件的護士，還曾發表過許多和兒童性侵有關的文章。

蘇珊為孩子們安排了一個安全舒適的環境，並為他們準備了一些和人很相似的玩偶。在蘇珊的鼓勵和引導下，孩子們開始陸續說出自己曾被性侵的經歷，有的孩子甚至還加入了想像的元素，例如說自己曾被龍蝦猥褻過。更誇張的是，其中一個 4 歲的女孩說，她曾被人用一把 30 公分長的剔肉刀插入了下體。

這些孩子們的證詞在許多年後看來，都存在著很多疑點，但當時沒有人懷疑過，許多人認為孩子們那些看起來荒誕的描述，其實是因為他們根本不懂何為性侵。至於那個 4 歲女孩的誇張證詞也沒有被人懷疑過，如果女孩說的情況是真實的，那麼她的身上應該會留下傷痕，但當時的檢查結果是，沒有任何孩子身上有可疑的外傷。

　　在多年以後，複查該案的調查員們在觀察錄影時，才發現警察和心理專家在整個採訪的過程中都造成了暗示引導的作用。起初，孩子們對是否被性侵過是持否認的態度，但在警察和心理專家的一次次提問和用玩偶鼓勵下，最後孩子便給出了曾被性侵過的答案。

　　傑拉德的案件很可能永遠都說不清了，不管孩子們在庭審時所做的證詞到底是不是真實的，有一點是可以確認的，即在整個審問的過程中，不論是警察還是心理專家都採取了具有高度誘導性的提問方式。最關鍵的是，孩子們的年齡都很小，大都只有 4 歲左右。這是最容易被暗示的年齡，再加上周圍環境和成人的高度引導和暗示，孩子們極有可能會產生虛假記憶。

|| 記憶真的可靠嗎？ ||

1984 年 7 月 28 日的夜晚，美國北卡羅來納州伯靈頓的一名大學生 —— 22 歲的珍妮佛‧湯普森（Jennifer Thompson）正在睡覺，在深夜時分，珍妮佛迷迷糊糊之際感覺似乎有陌生人進來，珍妮佛一下子被驚醒了。

這時，有一個男人正用刀子抵著珍妮佛的脖子並且惡狠狠地說：「不許喊叫，不然我就殺了你！」珍妮佛嚇壞了：「求求你不要傷害我，你可以拿走我的信用卡、錢包還有房間裡的任何東西。我的車鑰匙就放在桌子上，你還可以開走我的車，只要你不傷害我。」誰知男子卻說：「我不要你的錢，我對錢沒有興趣，而且我也不缺錢。」

男子的這句話立刻讓珍妮佛明白了自己的處境，她很可能會遭到強姦。珍妮佛預料的沒有錯，她深知自己在劫難逃，就只能努力記住這名男子的長相，她決定在獲得自由後去報案，讓警察根據她對這名男子相貌的細緻描繪，盡快抓住他。

半個小時後，珍妮佛看到男子放鬆了警惕，就主動提出要為他倒一杯水。男子同意後，珍妮佛快速地離開了房間，然後從後門逃走了。成功逃脫男子的控制後，珍妮佛馬上向警方報了案。

很快，警方就按照珍妮佛的細緻描述畫出了一幅罪犯的畫像。警方又根據其他線索，最終把強姦珍妮佛的嫌疑人鎖定為一個名叫羅納德‧科頓

的年輕男子。

科頓不僅有過入室性侵的犯罪記錄，而且在珍妮佛遭遇強姦的當晚，他正好在案發地點附近的餐廳工作。這樣，科頓的犯罪嫌疑就更大了。

在強姦案發生 3 天之後，警方讓受害人珍妮佛辨認照片。一名警察將 6 名嫌疑人的照片擺在了珍妮佛的面前，並對她說：「根據您的描述，我們已經把犯罪嫌疑人縮小到這 6 個人身上，希望您能從中辨認出真正的罪犯。」

接下來，珍妮佛便開始仔細辨認，她的面部表情非常認真，但也很疑惑。大約 5 分鐘後，珍妮佛拿起了羅納德・科頓的照片並對警察說：「這就是那個壞蛋。」有了珍妮佛的指認，再加上警方所掌握的一些線索，科頓就成了這起強姦案的主要犯罪嫌疑人。

幾天後，科頓被請進了警察局。在隨後的審訊中，科頓的緊張引起了警察的懷疑：「你在緊張什麼？」科頓掩飾道：「不，我沒有緊張。我只是想知道最近到底發生了什麼？我並沒有做什麼出格的事情啊。」科頓的這些表現加重了警方對他的懷疑。

由於科頓堅決否認這起強姦案與他有關，警方只好再次安排珍妮佛辨認。這一次，科頓和其他犯罪嫌疑人站在一起，然後珍妮佛需要從中找出真正的罪犯。在整個辨認的過程中，科頓顯得很緊張。後來，科頓重獲自由後回憶道：「當我站在真人辨認的隊伍裡時十分緊張，我也不知道為什麼，就是緊張。我甚至可以感覺到自己的雙腿在不由自主地顫抖。」

最終，珍妮佛將目光鎖定在了科頓和另一名男子身上，並對警方提出了一個要求：「能讓四號和五號（科頓）再重複一遍剛才的動作嗎？我覺得那個混蛋不是四號就是五號。」在兩個犯罪嫌疑人重複完動作後，珍妮佛

用十分肯定的語氣對警察說：「沒錯，我可以肯定就是五號，他一定是那個混蛋。」其實，珍妮佛內心也不是十分肯定。事後，有人對珍妮佛說：「那個五號就是你之前從照片中辨認出的那個人。」珍妮佛聽後暗暗鬆了一口氣，她對自己說：「沒錯，我選對了，他就是那個人。」

接下來就是庭審了，科頓被指控為強姦罪。在長達一個星期的庭審中，雖然科頓不停地向陪審團證明自己的清白，但卻有越來越多的意外證據指向了科頓。作為受害者的珍妮佛又為警方提供了那名強姦犯的衣著特徵。而巧合的是在案發當天，科頓也穿了類似的衣服。

警方在對案發現場搜查的時候，發現了一個重要證據，這是一件從強姦犯的衣服上掉下來的物品，而這也和科頓的衣物相吻合。

在宣布判決結果的當天，陪審團經過了長達 40 分鐘的討論，最後一致認為科頓有罪。最終，科頓被判處終身監禁。不久之後，科頓就戴著手銬和腳鐐，被送到了北卡羅來納中心監獄服刑。

進入監獄後，科頓並未放棄為自己洗刷冤屈，他一直不停地申訴。就在科頓被關進監獄的第十一年，他意外得知了一種新的技術，即 DNA 檢測。於是，科頓就寫信給他的律師法學教授里奇·羅森，希望他能幫助自己申請到一個做 DNA 檢測的機會。

科頓的申訴獲得了批准，伯靈頓的警方取出了塵封多年的證據，其中一份證據中有精子遺留，上面有完整的 DNA。檢測結果表明，科頓是被冤枉的，真正的強姦犯另有其人。

據有關調查發現，有許多人都像科頓一樣，利用 DNA 技術為自己洗刷了冤屈，這些人大多數都被指控為性犯罪或謀殺。此外，犯罪學家透過研究還發現，這些人當中有 75% 的人之所以會含冤入獄，都是因為受到了

證人的錯誤指認。

在辨認人臉方面，每個人的辨認能力都是不同的。有的人能輕易地記住一個人的面部特徵，並且能準確辨認出來，但有的人在這方面的能力卻十分欠缺，比如我們常常說的「臉盲症」。

在一些案件中，證人的指認十分重要。當一個證人在描述一個人的相貌時，往往很容易採用不確定的語句。這可不是警方想要的，警方想要的是準確而肯定的辨認，模稜兩可的指認是不能作為證據的。可在這個確定的過程中，證人很有可能會因過分自信，而使記憶出現偏差。

人們總是認為自己的記憶是可靠的，對自己的記憶確信不疑，認為自己在清醒狀態下所經歷的一切都會準確地記錄在自己的腦海裡，從不會覺得自己的記憶可能會出現錯誤或扭曲。就好像上述案件中的受害者珍妮佛一樣，她自認為既然傷害無法避免，那麼就牢牢記住那個混蛋的臉，記住他相貌的每一個特徵，這樣將來可以向警方指認他，然後將他送進監獄，讓他受到應有的懲罰。

可實際上，在 2013 年，馬修・帕爾默（Matthew Palmer）及其助手進行了一項和人臉辨別有關的實驗。帕爾默讓助手們兩兩一組走在街上。其中一名助手 A 在街上尋找願意參加實驗的陌生人，另一名助手 B 則先躲起來。如果有人願意參加實驗，那麼 A 就會暗示 B 出現，A 會要求參與者仔細觀察 B，直到 B 走出參與者的視線。

接下來便是測試了，參與者需要從一些照片中辨認出 B 來，還需要為自己答案的確認度評分。第一組參與者會馬上接受測試，第二組參與者則在一週以後接受測試。

測試結果顯示，第一組參與者辨認的準確率能達到 60%，而第二組參

與者辨認的準確率只有 54%。這個結果說明，我們的記憶力在辨別人臉時並非我們想像中的那麼準確，有將近一半的人都出現了錯誤。

之後，帕爾默便對實驗進行了簡單的調整，讓人臉辨別的難度增加，大大縮短參與者觀察助手的時間，在觀察期間還會刻意分散參與者的注意力。這就意味著，參與者辨認成功的機率會降低，那麼參與者對自己答案的確認度會有變化嗎？是更高還是更低？

結果顯示，雖然測驗難度加大了，錯誤率升高了，但參與者對自己給出答案的確認度卻提高了。也就是說，參與者對自己的記憶產生了高度的信心。

這個實驗說明人的記憶不僅準確率有待考證，而且人總是對自己的記憶過度自信。在上述案例中，負責調查該案件的警察在科頓被釋放後提出，珍妮佛在辨認犯罪嫌疑人的照片時十分認真，足足看了有 5 分鐘的時間。但心理學家韋爾斯卻提出了不同的觀點：「即使這樣，也不能證明在這 5 分鐘的時間裡，珍妮佛都在辨認犯罪嫌疑人。一個人的辨認記憶是非常短暫的，只需要 10 秒或 15 秒鐘的時間就能完成。也就是說，珍妮佛在辨認犯罪嫌疑人的面孔時很快就做出了決定，認定了罪犯就是科頓，而剩下的時間只是在確認和強化自己認定科頓就是那個侵犯她的人。」

‖ 嬰幼兒時期的記憶 ‖

　　小張在回憶自己小時候的事情時，與許多人都不一樣，他能想起自己幾個月大時的場景。小張記得那個時候父母很忙，將他寄養在別人家裡，但那家人卻並沒有好好照顧小張，每天只會餵小張吃酸菜面。一旦餵完麵，就將小張放到嬰兒車裡，讓他自己一個人玩耍。小張清楚地記得，他一個人在嬰兒車裡很無聊，不能出去，又沒有人陪他玩。每當有人經過嬰兒車時，還是嬰兒的小張都會高興地喊叫，期望能引起他們的注意，讓他們陪他玩。而且，小張還記得那家人有個女兒，具體長什麼樣子，就不大記得了。

　　許多人都有這樣的體驗，不記得自己嬰幼兒時期發生的事情，好像那段記憶就是空白的。也有很多人表示，自己清楚地記得嬰兒時期發生的一些事情。例如，有的人聲稱自己在嬰幼兒時期曾想偷偷爬下床，但卻被卡在了床欄杆上；有的人甚至表示還記得照看他的保母的樣子；更有甚者會向他人分享自己出生前的體驗，也就是在母親子宮裡的體驗，這就顯得很離譜了。

　　其實，我們是不會有嬰幼兒時期的記憶的。為什麼一個人不會有自己嬰幼兒時期的記憶呢？這是因為嬰幼兒的大腦還沒有發育出能夠儲存長時間記憶的功能，也就是說大腦器官還沒有發育完整。如果一個人說自己記得出生前或嬰幼兒時期的記憶，那麼就好像一個沒腿的人說自己能跑馬拉

松一樣。儘管如此，還是有很多人相信並確定自己真的擁有嬰幼兒時期的記憶。為什麼會出現這種情況呢？

這是因為我們能夠被輕易植入虛假的童年記憶。西華盛頓大學的教授艾勒‧海曼和喬爾‧彭特蘭曾經專門設計了一個相關的實驗。

這項實驗的參與者都是成年人，實驗組織者會告訴他們這是一項與回憶嬰幼兒時期經歷有關的實驗。其實在實驗開始前，實驗組織者已經從參與者的父母那裡了解到他們童年時期的一些經歷以及相關細節。

在參與者回憶自己的童年經歷時，實驗組織者會趁機對其植入記憶，即告訴參與者：「在你 5 歲的時候，你曾和父母一起參加了一場婚禮。在婚宴上，你和其他的孩子玩得很開心，到處跑來跑去的，還不小心打翻了桌子上的酒，酒灑在了新娘父母的身上。」

這是一個十分常見而且很容易出現在我們童年時期的場景，許多人都有被父母帶去參加婚禮的經歷。此外，婚禮的場景也很容易想像，畢竟大多數人的婚禮都很相似。例如，大家都身著盛裝參加婚禮，尤其是新人的父母會打扮得尤其隆重，而且在婚禮結束後，都會有婚宴，酒則是婚宴上必不可少的存在。

實驗組織者在暗示完畢後，會讓參與者閉上眼睛想像這樣的場景，然後參與者就可以回家了。在一個星期後參與者再次回到實驗室，重複相同的實驗過程。三個星期後，實驗組織者便開始驗收實驗結果。

實驗結果顯示，有 25％ 的參與者被實驗組織者成功地植入了虛假記憶，即相信了實驗組織者所暗示的那段記憶。還有 12.5％ 的參與者相信自己小時候曾隨父母一起參加過婚禮，但卻拒絕接受打翻酒的這個記憶場景。

　　一個人之所以會有嬰幼兒時期的記憶，是因為在現實生活中遇到了類似上述實驗的暗示。在暗示的基礎上再加上一些場景想像，腦海中有嬰幼兒時期的記憶就不足為怪了。例如，我們可以從父母口中知道自己嬰幼兒時期發生的事情，或者是透過一些老照片得知。

　　這些生活中的種種暗示就好像是記憶碎片一樣，我們在接受了這些記憶碎片後，會自動「腦補」，於是記憶碎片就變成了連貫的記憶，甚至還包含一些後來加入的細節。

　　在一項相關的研究中，研究者為了測驗 11 歲的孩子能否記起自己上幼兒園時期的同學，就給他們觀看了幼兒園時期同學們的照片。結果大多數孩子都不記得了，而他們此時的年齡還只有 11 歲。這就意味著，隨著年齡的增長，那些曾經朝夕相處的小同學就會被我們漸漸遺忘，直到變成陌生人。之所以會出現這樣的現象，與我們嬰幼兒時期的記憶力欠缺是分不開的。

　　在我們的大腦中有一個部位被稱為「海馬迴」，是專門負責長期記憶的。也就是說，沒有海馬迴就沒有長期記憶。而海馬迴在我們剛出生的時候是沒有的，直到我們 8 到 9 個月時才開始生長。在海馬迴生長的過程中，我們的記憶大都是瞬間記憶，維持的時間很短暫。直到我們 5 歲時，才會漸漸形成長期記憶。

　　除了童年時期，人的大腦會在青春期時再次迎來一個生長的高峰期。而我們的記憶能力也會在青春期達到巔峰的狀態。在青春期結束後，人的記憶力就會開始走下坡路。這或許也是我們特別喜歡懷念青春的原因之一。

|| 記憶也從眾 ||

2011 年的 8 月 14 日，加拿大的基隆拿市發生了一起槍擊案，被槍殺的是當地有名的黑幫組織頭目喬納森·貝肯，他是「兄弟貝肯」這個黑幫組織的三名頭目之一。「兄弟貝肯」這個黑幫組織不僅背負著多條人命官司，還從事著毒品等許多非法交易。這起槍擊案在當地可是個大新聞，引起了不小的轟動，也是當地人茶餘飯後的話題。

這起槍擊案的目擊者有很多，許多人對所見場景的描述都不一樣。也就是說，槍擊案是同一件，但大家關於槍擊案的記憶卻各不相同。隨著時間的推移，當地人在描述貝肯槍擊案時，卻呈現出了一致的情況，即大家有關貝肯槍擊案的記憶都相同了。這說明人的記憶也具有從眾性。也就是說，當地人有關貝肯槍擊案的記憶都是相互影響的，最後達成了一致。

為了證明人的記憶是會相互影響並且存在從眾現象，相關研究者專門設計了一項實驗。在實驗中，實驗組織者會讓兩組參與者分別觀看一段只有 90 秒的影片。這段影片的主角都是同一個人，地點都是在圖書館，但卻是從不同的角度展現的。

第一組參與者看到的場景是這樣的：一個女孩走進了一間空蕩蕩的圖書館，她手中拿著一本書，好像是準備還書。後來，女孩便準備離開圖書館。在離開前，還順手把一張便條紙扔到了垃圾桶裡。第二組參與者看到的是這樣的場景：一個女孩走進了空無一人的圖書館，她看了看手錶上的

時間，在準備離開前順手從桌上的一個錢包裡抽出了一張鈔票，然後放進自己的口袋裡。

在觀看完影片後，實驗組織者會從兩組參與者中各抽出一半，然後讓他們兩兩組合在一起填寫一份調查問卷，剩下的另一半參與者則需要單獨填寫一份調查問卷。實驗者的這個安排，就是為了看看兩兩組合在一起，是否會對雙方的記憶產生影響。結果如同實驗者所預料的那樣，在兩兩組合的參與者中，即使第一組參與者並未看到女孩偷錢的行為，但因為受到另一個人的影響，會在描述影片內容時，加入女孩偷錢的內容，而獨立完成調查問卷的參與者則不會出現這種情況，只會描述出自己在影片中看到的情景。

在我們的現實生活中，沒有人是可以獨自生活而不與他人交流的。在人與人的交往中，人們往往會將自己的某段經歷分享給對方，於是記憶的感染就發生了。在一項調查研究中，研究者發現有將近一半的參與者表示，會把別人的記憶當作自己的記憶，起初他們還能分清楚哪個是自己的真實經歷，哪個只是自己聽來的。隨著時間的推移，再加上描述次數的增加，許多人開始漸漸分不清楚，哪段記憶是自己的真實經歷，哪段記憶只是自己從別人那裡聽來的。

每當我們在聽他人描述的某段經歷時，如果恰巧自己也有類似的經歷，那麼在傾聽的過程中，我們的記憶會扭曲、重新組合，從而產生新的記憶。例如，上述貝肯槍擊案中，如果一個人關於這起案件的記憶只是聽到了槍響，那麼當他聽到別人說「我看到有兩個人在一個大酒店外面拿著槍向一輛汽車射擊」，他的記憶會加入射擊場景，儘管他只是聽到了槍響。隨著時間的推移，當有外地人向他詢問當時槍擊案發生的狀況時，這個只聽到槍響的人，一定會向對方繪聲繪色地描述射擊的場景，就好像他

親眼看到了一樣。總之，我們的記憶不僅很容易在他人的影響下產生新的記憶，還很容易出現混淆的狀態，即當事人也不知道自己記憶中的某個事件到底是自己的真實經歷，還是只是道聽塗說。

我們的記憶與處理資訊的能力有著密切的關係。我們的大腦每天都會從外界接收各式各樣的資訊，如果我們的大腦不處理這些資訊，而是全盤接受，那麼大腦一定會被這些數量龐大的資訊弄到崩潰或爆炸。通常情況下，能引起我們注意力的資訊才會進入我們的記憶之中。這就好像一個在背誦課文的學生，如果他不把注意力集中在課文上，那麼他是不可能讓課文的內容進入他的記憶之中的。但作為一個社會性動物，人在處理資訊時會或多或少受到周圍人的影響，甚至會因為周圍人的壓力，而改變自己的觀點。

1952 年，美國心理學家所羅門·阿希（Solomon Eliot Asch）設計並進行了一項實驗，這是社會心理學領域一項十分著名的實驗，證明了從眾現象的存在。阿希設計這項實驗，就是為了研究人們會在多大程度上因為他人的影響，而改變自己的決定，遵從錯誤的判斷。

阿希的實驗的參與者是大學生，她告訴參與者這個實驗的目的，是用來研究人的視覺能力的。然後，每個參與者會被安排進入不同的房間裡，每個房間裡已經有 5 個人先坐在那裡了，參與者進去後就只能坐到第六個位置上。那 5 個所謂的參與者，其實是阿希的實驗助手，這也是實驗設計的重要部分。

隨後，阿希會給參與者兩張分別畫著不同長度豎線的圖片，讓所有人做一個判斷，即比較線段的長度，看看哪條線最長。這是一個很容易做出的判斷，因為長短差異是那麼明顯。不過那 5 個「臥底」會故意說出一個

錯誤的答案。起初，參與者還能堅持正確的答案，當實驗進行了兩次後，參與者開始出現動搖，他開始懷疑自己的判斷，有的參與者甚至會遵從錯誤的判斷。實驗結果顯示，平均有 33% 的人的判斷是從眾的，而有 76% 的人至少做了一次從眾的判斷。這是一種很罕見的現象，因為在正常情況下人們出錯的可能性還不足 1%。

實驗之所以會出現這樣的從眾現象，與參與者所面對的其他 5 個人給予的壓力分不開。在現實生活中，有些從眾現象也的確是受社會壓力影響的結果。

在之後的實驗中，阿希做出了一些細微的變動。他讓其中的一個「臥底」在實驗開始的時候給出正確的答案。在這樣的情況下，參與者就不再是孤身一人堅持正確的答案了，他會有一個同盟者，而這個同盟者會給他提供一定的支持，這在心理上有助於參與者抵抗壓力。實驗結果顯示，只有 5% 的參與者選擇了從眾，即放棄正確的答案。

從眾現象的發生，不僅僅是因為周圍人的壓力，還因為很多人相信別人的意見的確是正確的，尤其是持這種意見的人越來越多時，這在記憶方面表現得尤為明顯。有的人不相信自己的記憶，認為別人的記性就是比自己好，這樣的人更容易因為他人的描述而改變自己的記憶內容。當一個人處於某個群體事件中時，這種記憶的從眾現象就更有可能發生了，從而在群體的暗示下產生虛假甚至是錯誤的記憶。

‖ 一不小心就被洗腦了 ‖

　　華盛頓大學的伊麗莎白‧羅夫斯特（Elizabeth Loftus）曾進行過一項和記憶有關的實驗。這項實驗所得出的結論對記憶理論影響非常大，甚至還影響到司法領域，畢竟在許多案件中，證人的證詞總是十分重要的。

　　羅夫斯特為這項實驗安排了一個小影片，這個影片的內容很簡單，說的是有一個司機開車撞上了停車路標，然後衝進了車流之中，並引發了 5 輛汽車的追撞。整段影片一共只有一分鐘的時間，而從司機撞上停車路標直到汽車追撞，這個過程只持續了短短的 4 秒鐘。

　　羅夫斯特找來 150 名學生作為參與者，然後讓他們觀看這段影片。觀看完畢後，參與者被分成兩組參與調查問卷的填寫。其中第一組參與者的第一個問題是：「汽車 A（撞上停車路標的汽車）闖過停車路標時的速度有多快？」第二組參與者所面臨的第一個問題是：「汽車 A 右轉彎時的速度有多快？」接下來的問題無關緊要，最後一個問題才是最重要的，兩組參與者面臨的最後一個問題都一樣：「汽車 A 前面是否有停車路標？」

　　羅夫斯特在統計了最後一個問題的回答後，發現第一組參與者有 53% 的人說在影片中看到了停車路標，但第二組參與者卻只有 35% 的人說在影片中看到了停車路標。所有的參與者都是一起觀看影片的，為什麼會出現這樣的情況？這與羅夫斯特所設計的調查問卷的第一個問題有關。

　　第一組參與者的第一個問題中提到了停車路標，而第二組參與者的第

一個問題中沒有提到停車路標。也就是說，調查問卷的問題實際上對參與者造成了暗示的作用，從而使參與者的記憶發生改變了。

在實驗的第二階段，羅夫斯特準備測試一下參與者的延遲記憶，於是就為參與者安排了一段只有三分鐘的影片。影片的名字叫作「學生革命日記」，影片的內容是一個班級的學生莫名其妙地受到了 8 名示威者的破壞。

看完影片後，參與者會被安排填寫調查問卷。其中第一組參與者所面對的問題中有這樣一個問題：「進入教室的 4 名示威者領頭的是男性嗎？」第二組參與者的問題中有一題則是：「進入教室的 12 名示威者領頭的是男性嗎？」兩組參與者所填寫的調查問卷的內容除上述問題外，其他問題都一樣。

填完調查問卷後，所有的參與者就離開了，一個星期後繼續做調查問卷。這次的調查問卷內容變了，在所有的問題中只有這個問題才是最重要的，即：「你看見幾名示威者進入了教室中？」

結果顯示，雖然有些參與者回答出了正確的答案，即 8 個示威者，但絕大多數的參與者都受到了第一次調查問卷中問題的影響。其中第一組參與者所回答的人數的平均數是 6.04 人，第二組參與者所回答的人數的平均數是 8.85 人。這說明，之前問題中的數字 4 和數字 12 都造成了暗示引導的作用，從而干擾了參與者的記憶。

在實驗的第三階段，參與者被安排觀看的影片內容改變了，影片的內容與交通事故有關，而肇事車輛是一輛白色賽車。看完影片後，150 名參與者便被分成兩組去完成調查問卷。調查問卷一共由 10 個問題組成，兩組參與者的 9 個問題都相同，只有那個不同的問題才是羅夫斯特實驗設計的關鍵所在。

　　第一組參與者需回答的那個問題是：「當白色賽車在鄉間道路上行駛，經過穀倉時用了多快的速度？」第二組參與者需回答的那個問題是：「當白色賽車在鄉間道路上行駛時，用了多快的速度？」羅夫斯特之所以會設計這樣的問題，是為了測試目擊者是否會在暗示的作用下，將未曾出現的內容加入自己的記憶之中。

　　在參與者完成調查問卷的一個星期後，會再次填寫一份新的調查問卷，問卷中有這樣一個關鍵的問題：「你是否在觀看影片的時候發現了一個穀倉？」

　　結果顯示，第一組參與者中有 17.3% 的人回答曾看到過穀倉，而第二組參與者中只有 2.7% 的人回答看到了穀倉，也就是只有 2 個人。這說明，羅夫斯特的那個問題造成了暗示的作用，從而影響到了第一組參與者中 13 個人的記憶。

　　在實驗的第四階段，羅夫斯特找來了 50 名參與者，並將其分成了三組，然後讓他們觀看一段只有三分鐘的影片。影片的內容與行車記錄器所拍攝到的畫面很類似，都是從車內人的視角出發，從車內看向車外。在影片快要結束時意外出現了，這輛汽車撞向了一個由男士推著的嬰兒車。

　　在填寫調查問卷時，三組參與者都拿到了包括不同問題的調查問卷。由於第三組是作為控制組存在，所以他們所回答的問題不具備暗示作用。

　　第一組參與者所拿到的問題都是以直接提問的方式來暗示，暗示的內容都是畫面中不曾出現的東西。例如：「你是否在看影片時看到了一輛旅遊車？」在最初回答這樣的問題時，絕大多數參與者都會給出否定的答案，但問題卻會對他的潛意識產生影響，時隔一個星期後再回答問題，他們就不會這麼確定了。事實證明，第一組參與者在一個星期後回答問題

時，或多或少都受到了上次直接問題的影響，會錯誤地將沒有出現在影片中的東西當作真實存在過的，而這個比例為 15.6%。

第二組參與者所拿到的問題都是以錯誤假定的提問方式來暗示的，例如這樣的問題：「影片開始時，旅遊車就停在那輛汽車旁邊嗎？」這樣的問題比直接提問更具有暗示性，很容易誤導參與者的記憶。在時隔一個星期後，第二組參與者在填寫新的調查問卷時，便有許多人都受到了上次錯誤假定提問的影響，會在記憶中加入不曾看到過的東西，而這個比例為 29.2%。

這一系列與記憶相關的實驗說明，人的記憶很容易在暗示的作用下發生改變，對方的一句話，可能就會讓你在回憶某事件的時候產生懷疑，甚至是更改自己的記憶。也就是說，當一個人回憶的時候，並不是準確無誤地呈現曾經發生的場景，而是在對曾經發生的事情重新構架。回憶一次，記憶就會重新調整一次。例如，當一件事情剛剛發生時，你所回憶起的內容是比較接近真實的，但如果在幾年後再回憶該事件，你就會發現這次的回憶與上次的回憶有很大的出入。這是因為在這幾年的時間內，你在用各種收集到的資訊重新構架這段記憶，而這些資訊對你的記憶更改所造成的作用就是暗示。

在我們的現實生活中，這種會使人記憶發生更改的暗示可謂是無處不在。也就是說，洗腦在我們的生活中是十分常見的，而且都是在我們不知不覺中發生的。有時候，一個人甚至可以透過暗示的方式對你洗腦，比如讓你相信你在青春期時曾犯下盜竊罪。

這聽起來似乎有些不可思議，但的確會發生。在一個小實驗中，實驗組織者會告訴參與者：「我從你父母那裡得知，你在 14 歲時曾因盜竊罪驚

動了警察。」此時參與者當然會一口否認，但實驗組織者卻會持續向參與者提供更多他的人生經歷，包括細節在內，然後在這個過程中一點一點提及參與者的犯罪過程。這其實是個暗示的過程，參與者在實驗組織者的暗示下會開始想像，虛構自己犯罪的畫面。在幾個星期後，不少參與者都會接受自己曾經有段犯罪經歷的記憶。這時，參與者已經將真實記憶與想像的場景混淆了，也就是說他被成功洗腦了。

Part 9

暗示與催眠

—— 讓潛意識甦醒

如果一個人對暗示十分敏感，那麼他就能在催眠師的引導下輕易地進入深度催眠狀態。總之，不同的人接受暗示的能力是不同的。通常情況下，女性比男性更容易接受暗示，兒童比成年人更容易接受暗示。此外，被催眠者對催眠師的信任也十分重要。通常，催眠師看起來越是具有親和力，他就越容易將被催眠者引入催眠狀態。

‖ 古老的催眠 ‖

　　弗朗茲・安東・麥斯麥爾（Franz Friedrich Anton Mesmer）是 18 世紀後期最早開始研究催眠術的醫生。1734 年，麥斯麥爾出生於奧地利的蘇阿伯地區，他的父親是一位護林人。在麥斯麥爾小時候，他的父親曾經固執己見，逼迫麥斯麥爾出家為僧。

　　遵照父命的麥斯麥爾來到了當地的寺廟，落髮為僧。在出家後不久，麥斯麥爾就厭倦了寺廟的生活，他自作主張逃了出來。麥斯麥爾深知自己現在回家一定沒好果子吃，就決定去維也納。麥斯麥爾考入了維也納的一所大學，開始學習法律，後來又改學醫學。

　　1766 年，麥斯麥爾終於在自己的刻苦努力下通過了博士論文答辯。在這篇論文中，麥斯麥爾首先提出了「動物磁性說」的理論。麥斯麥爾認為，星球的運動與人體之間有著十分密切的關係，在宇宙裡存在著一種流體，可以侵入人體內，並且充滿了天地之間。

　　麥斯麥爾還對占星術十分著迷，花費了大量的時間和精力來研究占星術。在畢業後，麥斯麥爾便在維也納開了一家診所，成了一名醫生。

　　在當時，維也納有個十分著名的神父麥克斯米倫・海爾（Maximilian Hell），他聲稱自己可以用神力為信徒治病。這讓麥斯麥爾十分好奇，還專程去觀看神父治病的全過程。

　　在昏暗的教堂裡，身著黑袍的神父海爾開始為病人治療，他口中唸唸

有詞，慢慢地走到患者面前，突然用閃亮的十字架去觸碰患者的額頭並說道：「從現在起，你將會死去，你的呼吸會變得越來越慢，心跳也將會減慢，然後我會為你的身體驅除魔鬼。等驅除完畢後，你就會獲得一個全新的生命，健康的身體。」

接下來，神奇的一幕在麥斯麥爾的面前發生了。患者按照海爾神父的指示倒在了地上，身體僵直，好像真的死去了一樣。緊接著麥斯麥爾就聽到海爾神父對患者說：「現在，我已經用神力將依附在你身體上的魔鬼給驅除了，你可以醒來了，醒來後你將會恢復健康。」話說完，患者就醒了，身體上的病痛也隨之減輕了許多。

海爾神父的這種治療方式讓麥斯麥爾十分感興趣，他便開始這方面的研究，並且還和他之前所提出的「動物磁性說」的理論結合在一起研究。

麥斯麥爾認為人的身體就好像一個磁場，周圍有許多看不見的流體，並對人類的健康起著不可忽視的作用。當流體分布不均勻時，人體就會生病。因此醫生在為患者提供治療時，就要讓患者的身體流體重新恢復均勻，這樣病情自然會好轉。麥斯麥爾提出的這個理論使他成了催眠術治療領域中的思想先驅。

後來，隨著科學的發展，近代生物氣象學家以及星球物理學家們的研究，也充分證明了麥斯麥爾的這種理論，即發生在氣象中與星球本身的種種變化都會對人體產生顯而易見的影響，甚至還會嚴重危害人類的身體健康與心理健康。

就在麥斯麥爾自認為找到了新的治療技術時，當時的科學界和醫學界都對他的理論表示了懷疑，他開始面臨著擁有絕對權威的學者、專家們的百般刁難。在這些人的眼中，麥斯麥爾就是個異端邪說分子。不過麥斯麥

爾並不在乎這些，他堅信自己的理論，並將其運用到了實踐中。

　　1773 年，麥斯麥爾接到了一個患有痙攣症的少女患者，他決定為患者實施「磁性療法」，其實就是我們所說的催眠療法。

　　麥斯麥爾在選擇治療場所時，特意選擇了一個光線暗的房間，然後身著一件絲綢的外衣並在音樂聲中出現在這位患者的面前，給人一種既神祕又神聖的感覺。麥斯麥爾邁著緩慢的步伐走到了少女身邊，然後在少女的胃部和大腿上面各放了一塊磁鐵，以疏通少女身上的磁流，使少女進入催眠狀態。這種治療方式雖然看起來十分簡單，但卻造成了十分神奇的治療作用，糾纏少女多年的痙攣症就這樣被治好了。

　　這次的成功治療，讓麥斯麥爾一躍成了當地的神醫，許多人都十分信服麥斯麥爾的「磁性療法」。不過在學術界權威們的眼中，麥斯麥爾只是碰巧治好了痙攣症而已。在眾人的傳播下，麥斯麥爾的名氣越來越大，不僅吸引了許多普通民眾前來治病，還引來了大量社會名流和宮廷顯貴。

　　麥斯麥爾的「磁性療法」的確很神奇，許多難以治療的疑難雜症，比如麻痺症、白內障等都被麥斯麥爾輕而易舉地治癒了。多次的成功讓麥斯麥爾變得越來越有自信，他越來越覺得自己的理論就是真理，但麥斯麥爾的事業很快跌入了谷底。

　　巴拉迪（Maria Theresia Paradis）在聽了麥斯麥爾的大名後，也來到了麥斯麥爾的診所接受治療。巴拉迪只有 18 歲，是個多才多藝的少女，性格也很溫和。美中不足的是，巴拉迪是個盲人，她從 4 歲那年起就什麼也看不見了，她希望麥斯麥爾能幫助她重見光明。

　　巴拉迪的父親是奧地利皇帝身邊的紅人，深受皇帝的喜愛。皇后瑪麗‧德萊斯則很喜歡巴拉迪，因為巴拉迪有著高超的彈琴技巧。自從巴拉

迪不幸失明後，她的父親就請了許多維也納有名望的、醫術高超的醫生來為她治療，但都沒有什麼效果。就在巴拉迪心灰意冷之際，她聽說了麥斯麥爾的大名，便來到了麥斯麥爾的診所。

關於巴拉迪的治療過程有兩種不同的版本。第一種版本就是麥斯麥爾的確使巴拉迪恢復了視力，但年輕貌美的巴拉迪卻成了麥斯麥爾的情人。巴拉迪的父母自然不願意讓自己的寶貝女兒成為無名無分的情婦，於是就怒氣沖沖地找麥斯麥爾興師問罪。不過，巴拉迪卻拒絕與麥斯麥爾分開。這徹底惹惱了她的父親，他把滿腔怒火全都撒在了麥斯麥爾身上。這兩個男人開始惡語相向，甚至出現了刀劍相見的血腥場面。剛剛復明不久的巴拉迪小姐看到這種恐怖的場景被嚇壞了，於是再度失明。

第二種版本是，巴拉迪的眼睛雖然在麥斯麥爾的治療下恢復了視力，但卻變得很不適應，她原先比常人靈敏得多的聽力開始大大下降，這無疑影響了她的彈琴技巧，皇后瑪麗・德萊斯為此十分不滿，經常嚴厲斥責巴拉迪。就這樣，巴拉迪的眼睛再次失明了。

對於這兩種不同的版本，第一種版本的傳播範圍更廣，人們往往更傾向於第一種充滿了衝突的版本，說起來和聽起來都更有意思。而麥斯麥爾的那些反對者們也都喜歡傳播第一種版本，在傳播的時候還會故意添油加醋想破壞麥斯麥爾的名聲。

麥斯麥爾的患者中以女性居多，這與女性比男性更容易受到暗示的影響有關。但對想要詆毀麥斯麥爾的人來說，這恰恰成了一種藉口，有人甚至斷言，麥斯麥爾在治療的過程中經常與他的女患者同床而臥，進而加速對女患者的磁化過程。

在種種負面事件的影響下，麥斯麥爾在奧地利醫學界的名聲變得越來

越差。在當時的醫學界權威學者看來，麥斯麥爾就是個巫師和江湖騙子，對他所提出的「磁性療法」常常表現出不屑的態度。由於當時這裡正盛行消滅巫師，麥斯麥爾就趕緊逃離了奧地利，前往法國巴黎。

到了法國巴黎，麥斯麥爾的日子也不好過。法王路易十六（Louis XVI）認為麥斯麥爾的治療方式有傷風俗，就將他驅逐出了法國。直到1842 年，英國的布雷德（James Braid）將催眠療法從麥斯麥爾的神祕氣氛中解放出來，催眠療法才開始變得正規起來。

在巴拉迪小姐的案例中，她的失明的確是被麥斯麥爾用催眠療法治好的，因為她的失明並不是病理性的，而是心理問題引起的。這在現代醫學上被稱為癔症性失明，即一種以視覺障礙為臨床特徵的癔症，主要表現為視力下降、眼睛發脹等症狀。醫生治療這種癔症性失明時，通常會採用催眠暗示治療。

催眠雖然聽起來十分神奇，還曾被稱為「咒術」，但實際上在我們的生活中卻隨處可見，運用的範圍也非常廣泛，例如醫學、心理學、教育、運動、潛能開發、宗教甚至刑事偵查等領域都有催眠的影子。

在遠古時期，催眠就已經出現。人們常常在強而有力的暗示作用下進入一種意識模糊的狀態。在催眠狀態下，人的潛意識和潛能都能被激發出來。當一個人處於清醒狀態下時，他受到暗示的影響遠不如催眠狀態下，因為人的意識有一定的判斷能力，會對所接受的暗示加以否定。但在催眠狀態下，這種情況基本不會出現，我們會在迷迷糊糊中接受暗示。

在中國的民間流傳著一種被稱為「觀落陰」的法術。相傳，這種法術可以讓人到陰間去探訪已經過世的親人。法師在實施此種法術時，常常會焚香、搖鈴、唸咒等，這其實就是在引導參與者進入一種類似催眠的狀態

中。在這個過程中，法師的語言引導也跟催眠師的引導很相似。

其實這個催眠過程與參與者的想像有很大的關係。因為許多人在小時候，就已經從長輩那裡聽說過一些關於陰間景象的描述，於是在被法師催眠的時候，很容易感覺自己真的到了陰間。

「觀落陰」雖然是一種迷信活動，但卻有一定的心理治療作用。比如遠在他鄉的孝子，在親人病危時沒有及時趕到病床前盡人子之責，這就會成為他的一塊心病，但透過「觀落陰」，他便可以和逝去的親人做最後的告別，以減輕其內心的愧疚之感。

除了「觀落陰」外，中國民間還流傳著一種「收驚」服務。當誰家的孩子因為過度驚嚇而生病時，他的父母就會請人為他收驚，有不少孩子都在收驚下恢復了健康。其實這也是一種運用催眠進行心理治療的方法。

催眠狀態有深淺之分，其中最淺的催眠狀態被稱為「運動支配」。在這種狀態下，被催眠的人的意識幾乎接近於清醒狀態，但被催眠者的精神狀態會變得很放鬆，會在暗示的引導下做出一些動作。這種被外界事物所引導的淺度催眠狀態在現實生活中十分常見，例如，一些瘋狂的粉絲在參加歌星演唱會時，會在歌星的引導下顯得很瘋狂，這其實就是一種大眾催眠。

‖ 利用催眠消除自卑 ‖

　　小胡是個國中二年級的學生，他有口吃的毛病，這讓他很自卑，為此他想透過催眠的方式擺脫口吃。催眠師從小胡那裡知道，他口吃的毛病和英語課有著十分密切的關係。平時他的口吃並不明顯，但一上英語課，他的口吃就會變得嚴重起來，在用英語回答老師的問題時總是結結巴巴的。

　　在催眠師的暗示下，小胡漸漸進入了催眠的狀態。催眠師說：「你現在正在上課，你能不能告訴我你在上什麼課呢？」（催眠師希望小胡的回答是英語課，這樣他就可以開始進一步的暗示引導。）小胡回答：「嗯……我在上國文課！」催眠師說：「那好，現在已經換成英語課了，你應該知道現在是英語課的時間。」小胡說：「不！現在不是英語課，依然是國文課！」催眠師說：「現在，國文課已經結束了，下節課是英語課，你正在上英語課！」（此時催眠師的語氣開始變了，由引導變成了半逼迫的語氣。）小胡猶豫了一會後說：「哦，是的，現在是英語課。」催眠師問：「你能看見講臺上的老師嗎？」小胡回答：「是的，我看見了我們的英語老師。」催眠師問：「現在，老師叫一個同學起來回答問題，你能告訴我，這個同學是誰嗎？」小胡回答：「是 A，他的英語很不錯，回答問題時發音也很準確。」催眠師問：「現在老師又叫起了一個同學回答問題，這個人是不是你呀？」小胡連忙否認：「不，不是我，這次是同學 B，他已經回答完問題了。」催眠師開始用堅定而強硬的語氣說：「現在已經到你回答問題了，你這次會比以往要順利。」小胡說：「是的，現在老師叫到我了，但是我很緊

張……會像以前……一樣口吃。」

催眠師知道暗示的時候到了：「好，現在你再次被老師叫起來回答問題。這一次，你因為有了上次的經驗變得十分鎮定。你感覺很放鬆，不再像以往那麼僵硬，你可以輕鬆而正確地回答老師的問題，你不會再口吃，會說得非常流暢。」小胡明顯受到了暗示的影響：「現在我已經不再結巴了，但是我回答問題的聲音很小，我總是擔心自己的口吃會再次出現。」

催眠師繼續暗示：「當你下一次被老師叫起來回答問題時，你的表現會更好。好了，現在你又被老師叫起來了，現在你不再擔心口吃的問題，也不會覺得不安，你顯得很鎮定，能輕鬆回答出老師的問題，而且聲音十分有自信和響亮。」小胡說：「是的，我感覺很輕鬆，我發現我再也不會口吃和緊張了，我變得自信起來。」

接下來，催眠師開始了最後的暗示：「很好，我覺得你再回答老師的問題時，會變得更加順暢和鎮定。好了，現在你已經完全不用擔心自己的口吃，你會覺得很舒服。每當你上英語課的時候，都會覺得很放鬆，會積極地回答老師的問題。」

經過催眠治療，小胡建立了自信心，並逐漸改掉了英語課上口吃的毛病。

在現實生活中，被自卑困擾的人有許多，這是一個十分令人頭疼的心理問題，也是許多心理障礙形成的主要因素。有些人表面上看起來與自卑毫無關係，例如，剛愎自用或咄咄逼人的人，實際上他們往往有著十分強烈的自卑心理，那些強勢的外在表現只是一種掩飾而已。

引起自卑的原因有很多，歸納起來有以下幾種：

首先是生理方面的缺陷。生理缺陷會使人產生自卑感，也會成為他人

嘲諷的對象，例如面貌醜陋、身材矮小、肥胖、語言障礙等。雖然生理上的缺陷容易使人產生自卑感，但也不是一定如此，許多有生理缺陷的人不僅沒有自卑，還戰勝了生理缺陷所帶來的障礙，例如得到小兒麻痺症的美國總統羅斯福，生下來就雙目失明且聾啞的著名作家海倫凱勒（Helen Adams Keller）等。

在面對生理缺陷時，最好不要過於重視自己的缺陷，這樣很容易產生自怨自艾的自卑感。相反，如果忽略自己的生理缺陷，自卑感就不會產生了。

其次便是幼年的經歷。有些人從兒童時期就經常受到來自父母的各式各樣的負面暗示，例如，當失敗時，父母會罵他是個笨蛋，在這種負面的暗示下，很容易產生自卑感，從而養成懦弱、退縮的性格和習慣。

最後一個便是負面的自我暗示。每個人都有自己的弱點，即使是看起來獲得了巨大成功的人，也會有自卑的地方。當一個人總是不停地拿自己的缺點暗示自己，那麼就會產生矮人三分的感覺，這樣自然會產生自卑感。

總之，自卑感常常與負面的自我暗示有著密切的關係。想要消除自卑感，就必須充分利用正向的心理暗示，而我們可以透過催眠的方式讓自己的內心變得強大起來。

小蝸牛問媽媽：「為什麼我們從出生起就要揹著這個又硬又重的蝸牛殼呢？」

蝸牛媽媽回答道：「因為我們的身體沒有骨骼的支撐，所以只能爬行，而我們爬行的速度又太慢，所以上天就賜予了這個蝸牛殼來保護我們啊。」

小蝸牛不解地問道：「毛毛蟲姐姐也沒有骨頭，而且爬得很慢，為什麼不用揹著這個又硬又重的殼呢？」

蝸牛媽媽回答道：「因為毛毛蟲姐姐終有一天會變成美麗的蝴蝶，那個時候她就會飛上天空，天空會保護她的。」

小蝸牛又問道：「那蚯蚓弟弟沒有骨頭也爬不快，也不會變成蝴蝶，他為什麼也不用揹著這個又重又硬的殼呢？」

蝸牛媽媽回答道：「因為蚯蚓弟弟會鑽進土壤裡，大地會保護他的。」

小蝸牛哭著說：「我們蝸牛好可憐啊！天空不保護我們，大地也不保護我們！」

蝸牛媽媽安慰它說：「所以我們才要揹著這個又重又硬的蝸牛殼啊！我們不靠天、不靠地，我們靠自己。」

當我們在利用催眠消除自卑感時，一定要釐清這樣一個原則，即靠自己，要意識到催眠能夠產生較好的效果或心理治療能解決心理困擾，整個過程的主體都是你自己，而催眠師或心理諮商師都只是造成輔助作用罷了。

靠自己，其實就是一種自信的態度，相信只要透過正向的自我暗示，就能消除自卑感。這樣，在催眠的時候才能獲得良好的催眠效果。如果一個人根本不相信催眠或正向心理暗示的效果，那麼就很難進入催眠的狀態。總而言之一句話，只要你相信，一切皆有可能。

‖ 生活中的集體催眠 ‖

　　小惠是個20多歲的女子，她在這座城市有一家小理髮店。最近，小惠的心情很好，就連她的顧客也能感受到小惠的喜悅之情。有的顧客會忍不住問小惠：「最近遇上什麼好事了嗎？是找到男朋友了嗎？」小惠不屑地回答道：「找到男朋友算什麼好事？我現在在做一件能賺大錢的事情。」顧客追問：「什麼事？」小惠說：「我在直銷賣一種產品。」顧客繼續問道：「那你現在賺了多少錢？」小惠的語氣顯得更加不屑：「現在還沒賺到錢，但我相信我會賺很多錢。我已經打算將理髮店關門，專心賣這種產品。」說著，小惠就變得興奮起來。

　　大多數人都知道這類直銷產業明顯是騙人上當的陷阱，但就算如此，還是有很多人上當。這除了與人想賺錢的渴望有關，還有很重要的一點，直銷實際上就是在集體催眠。

　　每個人在成長過程中，都會自然形成心理防禦機制。這種機制使得人們對外界的一切都保持著警惕，尤其是在面對陌生人或者陌生的環境時，這種警惕性會更高，從而使自己的內心封閉起來，進行自我保護。

　　當一個人接受催眠的時候，如果催眠師對他來說是陌生人，催眠環境也是他不熟悉的，那麼，這個人就很難進入催眠狀態中。因此，催眠師想要讓一個人快速地進入催眠狀態，就必須得與被催眠者建立起一種有利於催眠的信任關係，從而讓被催眠者放鬆警惕。在心理學中，通常會把這些人自身的

心理防禦體系稱為「邏輯防禦」、「道德防禦」和「情感防禦」。催眠師在催眠之前，一定要努力突破這三道心理防線，否則催眠就進行不下去了。

直銷組織的人都是集體行動的，這讓許多人形成了一種歸屬感，將直銷組織看成是自己的家，將周圍的人看成是自己的親人。當然，他們還會上課，並且互相交流心得。這些熟悉的人和環境都有利於其進入催眠狀態中。

直銷組織在上課時，顯得更為癲狂。講課的人被稱為「講師」。他頗有演講才能，不僅能侃侃而談，而且語調抑揚頓挫，十分擅長調動人的情緒，講的內容也很有煽動性。通常情況下，講師會先講一下像漢高祖劉邦、亞洲富翁李嘉誠等這些成功人士的奮鬥經歷，並告訴大家要趕緊努力賺錢。然後講師還會講身為底層人的辛苦和不易。漸漸地，在講師的煽動下，所有人的情感都被刺激出來，開始進入一種接近癲狂的狀態。

總之，直銷組織給成員「上課」，其實就是在進行一場集體催眠，用非常有煽動性的話語，將成員的理智和警惕意識都摧毀，然後向他們的潛意識輸入某些觀念，從而將成員的錢騙走，再讓他們去騙別人的錢。

直銷組織會對成員進行連續和反覆的刺激，直到其接受某種觀點。研究顯示，如果一個人總是暴露在連續和反覆的刺激下，那麼他的意識和潛意識防禦機制就會大大降低。在這種狀態下，人們比平常時候更容易接受暗示。

雖然催眠看起來十分神祕，對催眠的解釋也有許多種，但有一點是肯定的，即催眠必須得透過暗示才能實施。如果沒有暗示，那麼催眠就無法進行。在暗示作用下，人不僅容易進入催眠狀態，而且在被催眠後，更容易接受暗示。

　　集體催眠，即一個催眠師對許多人催眠。表面上看起來，集體催眠比個體催眠更困難，但實際上並非如此。一個人通常很難做出一些瘋狂的事情，但如果是群體一起去做，那麼就極有可能會出現失控的局面。比如暴動中的暴力與搶劫，如果這種事情只讓一個人去做，那麼他就會思考這樣做的後果，但如果是一群人，就很容易失去理智，因為有大家和你一起承擔後果，而且不是還有「法不責眾」的說法嗎？

　　對於集體催眠也是如此。當催眠師對一個人催眠的時候，這個人只會受到催眠師的暗示影響。集體催眠除了催眠師的暗示外，還有周圍其他人的暗示，接受催眠的人之間會產生心理感染，這種心理感染會讓人加速進入催眠狀態。

　　在楚漢之爭的最後階段，項羽的殘餘兵力被劉邦的軍隊圍困在垓下。此時，漢軍面臨著兩種選擇。一種是將項羽的軍隊團團圍住並殲滅，但這樣一來就會犧牲許多士兵，因為困獸往往會拿出玩命的戰鬥力，當一個人成為亡命徒後，那他的戰鬥力將不容小覷。因此兵法上才有「圍城必闕」的說法，即在包圍戰中為敵人網開一面，從而給敵人以逃生的希望，削弱其戰鬥力。網開一面便是第二種選擇。但這兩種選擇劉邦都不想選，他不想損失過多的兵力，也不想放虎歸山。那該如何呢？張良獻出了一條妙計，即進行一場心理戰，從心理上削弱楚軍的戰鬥力。

　　在張良的安排下，已經投降的楚軍在月色下唱起了楚歌。這便是歷史上有名的「四面楚歌」。許多人都有這樣的體會，月色總會給予人淒涼之感。在中國古代，月色也總是能勾起遊子的思鄉之情。

　　這些多年征戰在外的楚軍在聽到家鄉的歌曲後，在月色的籠罩下，紛紛開始懷念起家鄉與家人來，再也無心戰鬥，其士氣被大大削弱。就在這

時，漢軍發起了猛烈的進攻。最終，楚軍被擊敗。

　　當一個人身處群體之中時，他的情緒和行為很容易受到別人的影響，甚至會放棄自己原有的觀念和判斷。這種心理感染其實就是暗示，暗示會使人在不知不覺中發生改變。除此之外，一個人的情緒和行為也會影響他人。這種相互的影響很容易使人陷入群體的狂熱之中，從而做出喪失理智的行為。

‖ 在自我暗示下進入催眠 ‖

在繪畫界，有一位小有名氣的畫家，他的作品獲得了許多獎項。當時的許多畫家都傾向於將畫畫得越來越抽象，好像這樣才能彰顯出自己繪畫作品的藝術水準，但這樣抽象的繪畫作品卻讓許多人都看不懂。這位作家的繪畫風格獨樹一幟，他強調寫實，他的繪畫作品總是非常接近於真實，就好像照片一樣。漸漸地，他的這種繪畫風格開始有了越來越多的觀眾，他的名氣也越來越大。

追捧者們漸漸發現，這位畫家的畫作真是太逼真了，給人一種過於真實的恐懼感，有時候甚至會讓人覺得比照片還要真實。

這位畫家的作品主要以人物為主，他的繪畫作品上的人物不僅和真實的人比例一樣大小，而且唯妙唯肖，尤其是眼神，十分傳神，給人一種似乎能穿透觀賞者心靈的感覺，有時甚至還會讓人產生一種畫中人會隨時復活的錯覺。

一時之間，畫家成了藝術界和繪畫界的神話與天才。最讓人意外的是，這位繪畫天才並沒有經過任何美術學院的培訓，甚至連繪畫大師的指導也沒有接受過，完全是自學成材。這些都讓這位畫家變得更傳奇、更神祕，成為媒體青睞的對象。在媒體的宣傳下，畫家的名氣越來越大。

每當這位畫家準備畫畫的時候，都會將自己封閉在房間裡，不允許有任何人打擾，也不讓任何人觀看。雖然很多人都觀看過畫家的作品，但卻

從未有一個人看過他作畫的過程，甚至連他的妻子也沒有看到過。這讓許多人更加好奇。

不久，畫家接到了一個電視臺製作人的電話。製作人表示，希望畫家能錄一集專門為他準備的電視節目。畫家猶豫了一會兒後，就答應下來。

到了錄節目這天，電視臺的節目組還專門派了一輛採訪車來接他。在節目快開始的時候，畫家才從製作人那裡得知，節目除訪談之外還增加了一個新的橋段，即現場作畫。這讓畫家十分吃驚，頓時萌生悔意，但無奈節目就要開始了，畫家只能硬著頭皮上。

其實，這是節目組故意安排的，畢竟製作人更了解觀眾的喜好，相對於訪談，觀眾一定對畫家的作畫過程更有興趣。這樣可以大大提高節目的收視率。

很快，訪談的橋段就結束了。下一個橋段便是作畫，節目組將事先準備好的筆和紙拿了出來，並表示希望畫家能現場作畫。這時，畫家露出了十分為難的表情。主持人為了緩解尷尬的氛圍便說道：「其實不用花費太大的精力，只要畫出一幅簡單的素描就可以了。」一旁的工作人員也暗示畫家，這種橋段只需要做做樣子就可以了。畫家愣了愣，臉色變得更加難看，他拒絕了作畫的要求。

這是一個現場直播的電視節目，畫家的拒絕一下讓整個氛圍變得尷尬起來，主持人和工作人員都挺為難的，一方是固執不肯作畫的畫家，另一方是現場的幾百名觀眾以及電視機前成千上萬名觀眾的期待。

最後，工作人員只好向畫家解釋道：「我們這個節目所請到的畫家都有現場作畫這個橋段，而且畫家的作品也會被我們當作獎品贈送給現場的觀眾。」

　　這時，畫家開始變得語無倫次起來：「不行！堅決不行！我今天覺得很不舒服……對，很不舒服。以我現在的狀態，根本不能作畫，這樣會影響我作畫水準的正常發揮……」

　　工作人員隨即安慰道：「沒關係，你不用太重視，只需要隨意地勾勒出一個物體就行了，比如小鳥或蘋果，這些東西都很簡單的。」

　　畫家開始變得結巴起來：「實在對不起……我畫不出來……」說著，畫家的額頭上便冒出了許多細小的汗珠，他看起來很緊張。因畫家不合作，節目組只能放棄這個橋段，當然觀眾們也很失望。

　　在節目播出後不久，許多畫家都開始懷疑這位畫家的繪畫水準。甚至有傳言說，他根本就不會畫畫，否則，為什麼在節目裡連一幅隨手的塗鴉都不肯畫。

　　但畫家卻對這些外界的議論毫不在意，依舊專心地畫畫。一天深夜，當畫家正在畫室內作畫時，妻子突然闖了進來，原來他竟然忘了為自己的畫室上鎖。

　　畫家的妻子發現他在作畫的時候顯得很不正常。整個畫室的燈光十分昏暗，畫家拿著一支筆在一塊畫布上塗鴉著，整個人看起來呆呆的，好像沒有生命力一樣。妻子走過去對他說：「你不覺得房間裡的光線實在太昏暗了嗎？我去把燈打開吧。」畫家並未理會，繼續畫畫。妻子以為丈夫生氣了，因為在他作畫期間是不允許有任何人打擾的，而自己沒有經過他的同意就突然闖了進來。於是，妻子便提高聲調對丈夫說：「雖然我沒有經過你的同意就隨便闖了進來，但你也沒必要不理我啊……喂，我在和你說話呢！」

　　畫家依舊好像什麼也沒聽見似的，繼續在畫布上畫著，嘴裡還叨叨咕

咕地不知在說些什麼。這時，他的妻子才發覺情況有些不對，開始由生氣漸漸轉為了害怕，她覺得丈夫好像中邪了。不過，她同時還很好奇丈夫到底在畫什麼，就湊過去看看。終於，妻子看清楚了畫布上的內容，那是一個美麗的古代女子，顯得非常真實，但還差個嘴巴。看著眼前的畫，妻子就隨手推了丈夫一把。

這下，畫家開始有了十分強烈的反應，他猛地回頭，然後用疑惑的眼光看著妻子，眼神漸漸變得恐懼起來並用手指著妻子的嘴巴喊道：「原來在這裡，最完美的嘴，它原來在這裡！」

原來，畫家每次畫畫時都進入了一種催眠的狀態。他是個對繪畫一竅不通的人，根本不會畫畫，連基本的繪畫功底都沒有，但他是個很善於將自己催眠的人，並且能在自我催眠下進入很深的催眠狀態。然後他就會在這種催眠狀態下畫畫，他筆下的作品幾乎每一幅都是神來之作。

但在這天深夜，當他的催眠狀態突然被妻子打斷之後，他一下子就走火入魔了，從此之後再也無法畫畫，而且每到深夜時分，都會獨自一人去「夢遊」。夢遊的時候，他的手中經常提著一桶紅油漆，然後到處畫女人的嘴唇，他家附近的街道上和牆壁上到處都是鮮豔的紅嘴唇，那都是他畫上去的。

這是一個透過自我催眠發掘潛能的故事。在現實生活中自我催眠並沒有這麼神奇，但不可否認的是，自我催眠的確能喚醒人的潛意識，從而讓潛意識發揮出神奇的作用。總之，催眠是一種手段和媒介，可以幫助我們發掘潛能。

想要進入催眠狀態，除了在催眠師的幫助下可以實現外，自己也可以進行，這就需要我們學會對自己下達暗示。在暗示的作用下，人們常常會

進入一種意識恍惚的催眠狀態，這意味著此時你的潛意識已經被暗示喚醒了，然後你就可以自我暗示，向自己的潛意識植入某些正向的觀念。自我催眠會讓你相信自己擁有神奇的能力，會變得更加積極樂觀，有助於解決現實生活中遇到的難題。

不過在自我催眠的時候，一定要選擇一個安靜的環境。這樣可以讓你避免被外界干擾，同時能快速地放鬆，有利於進入催眠狀態。

上述故事的畫家顯然因為自我催眠走火入魔了。那麼在現實生活中，我們是否也會像這位畫家一樣因為自我催眠而變得瘋瘋癲癲呢？其實後果遠沒有故事中的那麼嚴重。如果你已經進入了催眠狀態，卻因為外界的干擾而突然清醒過來，會出現一些不良後果，但症狀都很輕微，只會感到精神恍惚，等過了一段時間，就會自動恢復正常。

一個人想要進入催眠狀態，必須經歷一個十分緩慢且漸進的暗示過程，而當一個人想要從催眠狀態中清醒過來時，也必須得慢慢來。如果因為意外突然驚醒的話，就會被強行且迅速地帶入清醒的狀態，但因其意識並未馬上甦醒，潛意識還沒有完全褪去，會出現一種精神恍惚之感。出現這種感覺，說明你還沒有完全從催眠的狀態中走出來。等你完全清醒後，這種恍惚感自然會消失。

雖然催眠被打斷的體驗並不好受，但在自我催眠和接受催眠之前，一定不能給自己施加這樣的心理暗示：「如果我的催眠被打斷，那麼將是一件十分糟糕的事情。」這種負面的自我暗示會讓你相信催眠被突然打斷會出現非常嚴重的後果，從而導致催眠被打斷的不良影響被放大。

‖ 暫時沉睡的意識 ‖

　　1934 年的夏天，德國海德堡的警察局接待了一個奇怪的報案者。報案者是個男人，他聲稱有人向他的妻子勒索錢財，但又說不清到底是什麼人在勒索他的妻子。當警方讓此人把他的妻子請到警察局時，他又拒絕了。他告訴警察，他的妻子好像被人操控了靈魂一樣，根本不知道自己被勒索了。

　　報案者的妻子名叫漢娜，她的確有許多反常行為，她曾莫名其妙地將一大筆醫療費交給一個陌生人，但卻對那個人的樣子一點兒印象也沒有。最關鍵的是，漢娜的大腦完全正常，並未出現失憶的情況。

　　警方為了調查清楚這起案件，就讓醫警路德維‧邁爾出馬，他不僅是個優秀的內科醫生，還是一名有著多年工作經驗的催眠師。路德維發現漢娜的異常後，就開始和漢娜進行暗示引導性的交談，希望漢娜能想起那段受害的經歷。

　　路德維從漢娜那裡知道，她在結婚前曾有一次去醫院治療胃病的經歷，在途中，漢娜遇到了一名陌生的男子。該男子對漢娜顯得很熱情，不僅主動與漢娜交談，而且在得知漢娜要去治胃病時，還為漢娜推薦了一家新醫院，他告訴漢娜，這家醫院是治療胃病的權威。

　　但是，漢娜卻對這個陌生男子充滿了警惕，她不同意和男子到那家醫院。就在漢娜快要下車的時候，陌生男子突然將手放在了漢娜的額頭上，

然後漢娜就感覺自己的大腦一片空白，身體似乎不再受自己的控制。

　　路德維在聽完漢娜的回憶後，認為這名男子很有可能對漢娜催眠了，且可能借助了催眠藥物，因此漢娜才能如此快速地進入催眠狀態。路德維認為，想要讓漢娜想起那段被遺忘的經歷，就必須藉助催眠的力量，於是他便為漢娜注射了一種催眠的藥物，引導漢娜進入了一種深度催眠的狀態。漢娜在他的一步步引導下漸漸恢復了記憶。

　　原來，漢娜在被陌生男子催眠後，就被他帶到了海森堡火車站，到了一個陌生的房間，對於接下來發生的事情，漢娜記不起來了。

　　後來，路德維又對漢娜進行了一次深度催眠。這一次，路德維獲得了不少的線索，漢娜在深度催眠的狀態下基本回憶起那個犯罪嫌疑人的外貌特徵以及衣著和髮型等許多細節。

　　路德維將這些證據都報告給了當地的警方。恰巧，警方最近逮捕了一名犯有詐騙罪的嫌疑人，他的外貌特徵與漢娜描述的十分相似。最關鍵的是，那個人也是用醫生的身分進行詐騙的。

　　於是，警方就安排漢娜親自指認這個人。當漢娜見到這名犯罪嫌疑人時，立刻認出這個人就是為她治病的柏爾根醫生。面對漢娜的指認，柏爾根極力否認。當警察讓漢娜確認時，漢娜卻表示，她也記不清楚了。於是，這樁案件重新陷入了僵局。

　　路德維便只能再次透過催眠的方式，幫助漢娜回憶起被遺忘的經歷。不過路德維懷疑，犯罪嫌疑人曾對漢娜下了十分強烈的遺忘暗示。在這樣的暗示下，漢娜不但會忘記催眠中所發生的事情，而且還會忘記整個催眠的過程。這就意味著，路德維想要藉助催眠幫助漢娜恢復記憶將會變得十分困難。

　　這一次漢娜想起了更多的細節，比如，柏爾根曾帶她一起去游泳，柏爾根有一條看起來很髒的浴巾，等等。最關鍵的是，漢娜回憶起來自己曾遭遇過性侵的一段經歷。她記起曾有個男人和她接吻，但她將他推開了，結果就聽到有人對她說：「我現在正在為你治療，你只需要睡一覺就可以了，在你醒來的時候，你會完全忘記。」聽到這些話後，漢娜居然真的睡著了，然後什麼也記不起來了。

　　透過這些片段式的回憶，路德維基本可以肯定，犯罪嫌疑人誘導漢娜進入催眠狀態，然後對她性侵。路德維認為，犯罪嫌疑人一定是利用催眠誘導漢娜交出鉅額的醫療費，而漢娜根本不記得這些，很有可能也是犯罪嫌疑人催眠的結果。

　　在另一次催眠中，路德維證實了自己的猜想。他從漢娜那裡得知，柏爾根曾在漢娜進入催眠之後，不斷地向漢娜暗示：「你的胃部已經穿孔了，必須接受治療，而且只有我才能治好你的胃病。」在這種暗示下，漢娜開始感覺到來自胃部的強烈痛感，於是她只能去找柏爾根。柏爾根則再次透過催眠暗示，引導漢娜消除這種疼痛感，並索要大量的治療金。在催眠快要結束時，柏爾根會暗示漢娜遺忘這段記憶，否則當漢娜說出來的時候，生命就會會面臨危險。

　　路德維為了消除漢娜的這種恐懼感，開始鼓勵她：「勇敢地說出你所知道的一切，等你說出來之後，你不僅不會面臨生命危險，而且還會永遠擺脫那個惡魔對你的控制。」於是，在這種正向的暗示引導下，漢娜回憶起來更多的資訊。

　　柏爾根不僅性侵過漢娜，還強迫她去賣淫，從中得到很多金錢。這些錢遠遠無法滿足柏爾根的胃口，於是他就讓漢娜支付大額的治療費。在漢

娜結婚後，她的人身自由便受到了很大的限制，再也拿不出多餘的錢來滿足柏爾根貪婪的胃口。於是柏爾根就透過催眠暗示漢娜殺死她的丈夫。柏爾根在對漢娜下殺人的催眠暗示時，採用了十分委婉的方式：「如果費恩（漢娜丈夫的名字）不存在了，那麼就沒有人能阻止你繼續接受治療了。這樣你就不用再忍受疾病所帶來的痛苦了。」

　　如果柏爾根在對漢娜下達殺人的催眠暗示時，採用的暗示語十分直接，例如「把你的丈夫殺掉」，這樣很容易遭到漢娜的拒絕，因為這已經嚴重威脅到漢娜的自身利益。如果採用委婉的暗示語，而且還是從漢娜的角度出發，那麼漢娜就不會有抵抗的心理，她會將病痛與費恩連繫起來，並出現只要費恩消失就能擺脫病痛的念頭。這樣的催眠暗示的確取得了一定的效果。在一段時間內，漢娜確實出現了謀殺丈夫的行為，但都沒有成功。

　　由於謀殺失敗了，柏爾根害怕自己的罪行暴露，就在催眠過程中暗示漢娜自殺。他是這樣暗示漢娜的：「你的健康狀態會變得越來越差，你的丈夫會因此越來越討厭你。而且你的丈夫在外面已經有了新歡，他隨時準備與你離婚。從此之後，你的生活將會變得一片灰暗，你看不到生活的希望，你會變得越來越絕望，越來越希望得到解脫。」果不其然，漢娜在催眠後的確有自殺的行為，但都得到了及時的救治，僥倖活了下來。

　　最後，漢娜恢復了所有的受害記憶，並在法庭上指認柏爾根對她所犯下的罪行，柏爾根也因此被判處 10 年監禁。這便是非常著名的海德堡事件。

　　海德堡事件的發生讓許多人都感到非常恐慌，從而對催眠有了更大的偏見。在許多人看來，催眠就是一種邪術，具有操控人的力量。那麼催眠

真的會像海德堡事件一樣具有這麼強大的操控力嗎？

海德堡事件在催眠史上是十分少見的，這與受害人漢娜的人格特質有著十分密切的關係。每個人接受暗示的能力都是不同的，有些人很容易接受暗示，但也有一些人對暗示根本就不敏感。個人接受暗示的能力則是催眠得以成功的基礎。也就是說，漢娜恰恰屬於那種容易接受暗示的人。

催眠的狀態有深淺之分，常見的是催眠深度六級劃分法，即將催眠分成六個不同的階段。第一、二階段為淺度催眠，第三、四階段為中度催眠，第五、六階段為深度催眠。通常情況下，第六階段的催眠狀態是很難達到的。如果一個人可以進入第六階段的催眠深度，那麼不僅說明被催眠者的催眠敏感度很高，而且說明催眠師的催眠手段也相當高明。當一個人進入第六階段的催眠深度時，就會產生負幻覺。所謂負幻覺，就是指被催眠者在催眠師的引導下看不見真實存在的事物。

漢娜是一個對暗示十分敏感的人，她可以輕易進入催眠狀態，不需要催眠師花費太大的力氣，就能一下子進入深度催眠之中，而能達到這種催眠程度的人只有 20%。關鍵是，柏爾根在之前的催眠中還對漢娜使用過催眠藥物，這樣漢娜就更容易被催眠了。

此外，柏爾根還是個催眠高手，有許多高明的催眠技巧。他深知該如何對被催眠者下達暗示指令，從而讓被催眠者更容易接受和執行他的指令。例如，柏爾根在對漢娜下達催眠指令時，總會從漢娜的角度出發。

在現實生活中，像漢娜這樣對催眠暗示十分敏感的人是很少見的。對於我們大多數人來說，我們雖然會按照催眠師的指令做出一些動作，但我們並未完全被催眠師操控。美國著名催眠大師米爾頓·艾瑞克森（Milton Hyland Erickson）曾經說過，人在催眠狀態下不會完全喪失辨別是非的能

力。一旦催眠師讓你做出對自己不利的舉動時，你的自我保護能力一定會跳出來。例如，一個女人被催眠了，她可能會按照催眠師的指令做出一些動作，但如果催眠師要求她脫衣服，那麼她的潛意識就會保護她，會拒絕脫衣服。也就是說，每當催眠師讓被催眠者做出有損於他自身利益的事情時，被催眠者都會拒絕。

在海德堡事件中，受害人漢娜有被清除催眠記憶的經歷。這在被催眠者中也很少出現。通常情況下，只有被催眠者進入第四階段的催眠深度以後，催眠師才能透過暗示引導讓被催眠者忘記這段記憶。如果一個人對催眠根本不敏感，只停留在淺度催眠狀態，那麼即使是再高明的催眠師也無法透過暗示讓你抹去記憶。

總之，我們根本不必擔心自己會在催眠中被催眠師完全操控。雖然在催眠狀態中，我們的意識漸漸隱退了，但並不意味著我們喪失了自我保護的能力。

Part 10

暗示與肢體語言
—— 窺探真實的內心

　　在日常生活中，我們通常會採用語言的方式溝通，用語言表達自己的內心活動，但眾所周知，語言具有欺騙性，一個人可以透過語言輕易地撒謊，而其肢體動作卻常常不受控制。這是因為人的肢體動作受到心理狀態的影響，真實地反映人的內心活動。總之，我們的一舉一動會暴露出我們真實的內心想法。

|| 管不住的腿和腳 ||

在一家公司的會議上，公司內的業務經理和優秀業務員都參加了。這次會議的內容就是討論給業務員提供什麼樣的待遇。會議開始後不久，一位知名業務員，即業務員聯合會會長準備演講。當他走向講臺的時候，聽眾們分別做出了不同的反應。其中，業務經理大多做出了雙腿和雙臂交叉的肢體動作，這說明他們的心理狀態是警惕和戒備的，也就是說他們對這位業務員即將發表的演講有擔憂或不安的情緒。很快，他們的擔心就被驗證了。這位業務員在演講中，提出了公司員工管理中存在著大量的問題，而這些問題都是管理能力低下的經理們造成的。在這個過程中，業務員們開始有了新的肢體動作。有的人身體前傾，這說明他對演講內容十分感興趣，也有人做出思考的動作。只有經理們始終保持著戒備的肢體動作，畢竟演講的內容都是在罵經理，與普通的業務員似乎沒什麼關係。有的經理甚至出現了「二郎腿」的姿勢。

這種姿勢在參與阿富汗戰爭的美國士兵身上也出現過。一些美國士兵聚集在一起看新聞，當時的新聞正在播放美國總統歐巴馬（Barack Obama）有關阿富汗戰爭政策的演說。這時，不少美國士兵都出現了二郎腿姿勢，這說明他們對歐巴馬的戰爭政策十分不滿。畢竟對於一個參戰的美國士兵來說，硝煙瀰漫的戰場上到處充斥著死亡的威脅，他們早已厭倦了戰爭，想要回到美國享受和平美好的時光，但這些都取決於以歐巴馬為首的政客們所做出的決定。因此當歐巴馬發表和阿富汗戰爭有關的演說

時，美國士兵才會出現二郎腿的姿勢，以表示內心的抗拒。

提起肢體語言，人們通常都會關注面部表情，而距離頭部較遠的腿和腳常常被許多人所忽視。人們都很注重管理自己的面部表情，會在不同的場合有意識地控制自己的面部表情和頭部姿勢。例如，當一個人在賭博的時候，為了避免對方從自己的面部表情中猜測出自己的籌碼，常常會假裝成若無其事的樣子，也就是我們常常所說的「撲克臉」。但如果我們注意他的腿和腳，就會發現他真實的內心活動。當他面對的是有利的局面時，儘管他面無表情，但腳卻會歡快地動來動去，這說明他此時的心情非常愉快，或許就要贏了。

透過一定的訓練，我們往往可以有效控制我們的面部表情。例如，當你看到一個令自己非常討厭的人，卻礙於面子不能將這種討厭表現在面上，這時就可以透過控制面部表情，擺出一副眉開眼笑的模樣。但是我們卻很難控制自己的腿和腳，甚至可以說我們根本就管不住自己的腿和腳，因此腿和腳的動作能夠暴露出一個人真實的內心活動。

在人類進化的過程中，腿的主要作用就是走路和逃跑。腿可以幫助人類獲得食物，還可以在遇到危險時讓人迅速逃走。也就是說，腿部動作常常與本能有關，不受人類理智的控制，而且表達的意思也很簡單 —— 走向自己想要的東西和遠離自己討厭的東西。例如，當你和某個人聊天時，如果對方對聊天的內容毫無興趣，他的腿腳就會做出準備走的動作，這說明他的內心想要離開這無聊的環境，只是礙於情面，沒有直接提出來而已。

神經學專家保羅・麥克萊恩（Paul Donald MacLean）曾提出了一個和人類大腦有關的假設，即三重腦理論。這個理論認為，人類顱腔內的腦一

共有三個，即爬行動物腦、邊緣系統和新皮質。這是進化的產物，不同的進化階段會產生不同類型的大腦，並且會按照出現的順序覆蓋在以前的腦層上。這三重腦並非是分離的，而是在擁有獨立的功能的基礎上又透過神經相互連線在一起。

爬行動物腦，又被稱為「基礎腦」，主要包括腦幹和小腦，是最早出現的腦層，主要功能有控制身體的肌肉、平衡與自動機能，諸如呼吸與心跳。爬行動物腦會一直處於工作狀態中，即使在深度睡眠時也不會停止工作。爬行動物腦之所以會被稱為「爬行動物腦」，是因為這是最早進化出來的腦，首先出現在爬行動物身上，例如蜥蜴和蛇，而且與爬行動物有著相同的行為模式。

邊緣系統，又被稱為「古哺乳動物腦」，主要包括大腦的中間部分，負責情感、直覺、搏鬥之類的行為。這些功能雖然在現如今已經沒有多大用處，但在進化時期卻造成了十分重要的作用，保證人類可以在惡劣的自然環境下生存下來。例如恐懼的情緒，雖然在我們平時的生活中派不上什麼用場，但在面臨危險的時候，卻能讓我們集中注意力，然後迅速地做出反應，避免被危險所傷害。邊緣系統之所以還被稱為「古哺乳動物腦」，是因為這個部分的大腦所具有的功能與生物進化早期出現的哺乳動物很相似。我們的腿腳動作就被這個部位的大腦所控制，也就是說腿腳動作能真實反映我們的情緒。

最後是新皮質，也被稱為「新皮層」，是進化後期所出現的，通常也被稱為「高級腦」或「理性腦」，主要出現在靈長類的哺乳動物大腦中。新皮質讓人類登上了食物鏈的頂端，甚至成了人類的象徵。如果人喪失了新皮質，那麼基本上也就不能稱之為人了。

人類的新皮質是所有哺乳動物中最大的，包括許多動物所不具備的功能，例如學習、語言、抽象思維等，當然也包括了前額葉皮層，這個部位是主管人類自控力的生理基礎。新皮質與人的理智有關，但卻很難控制住腿腳的動作。心理學家保羅‧艾克曼（Paul Ekman）透過研究發現，當一個人撒謊時，儘管他的理智慧控制好自己的面部表情，但腿腳動作卻會增多。很多商務人士常常喜歡坐在自己的辦公桌後面，就是因為辦公桌可以遮擋他的腿腳動作。

在現實生活中，常見的腿腳動作通常有二郎腿、翹腳和交叉腿，不同的腿腳動作分別暗示著不同的內心活動。

翹腳是一種十分常見的腿腳動作，我們經常會發現許多人都會不經意地翹起腳。翹腳常常與坐姿習慣、感覺寒冷有關係，但也有一定的心理暗示。如果一個人翹起了腳，並且兩手交叉放在了胸前，那麼說明他現在很無聊，對聊天內容或者開會的內容完全沒有興趣。

二郎腿的動作常常在年輕人中間出現，很少會有老年人擺出二郎腿的坐姿。二郎腿最早出現在美國，而且經常在男性身上出現。隨著美國文化的傳播，一些亞洲國家的年輕人在觀看了美國電影和電視節目後，也開始喜歡並模仿這種坐姿。這種姿勢常常與爭強好勝的心態連繫在一起。在第二次世界大戰期間，納粹黨十分關注人們的坐姿，一旦發現有人做出了二郎腿的姿勢，那麼他們就立刻斷定此人是美國人，而不是德國人，或者說他曾在美國生活過。

二郎腿的坐姿很少在女性身上出現。即使有女性擺出二郎腿，也是在穿著褲子並且在女人之間的聚會中，如果有男人在場，女人則很少會擺出二郎腿的坐姿，因為這樣不僅顯得自己過於男性化，而且還會讓男人誤認

為自己在引誘他。

當一個人想要顯示自己的自信和放鬆時，也常常會出現二郎腿的姿勢，但這種姿勢也暗示著一種侮辱，因為這種姿勢會將鞋底展現在人們面前，而鞋底上則沾滿了汙物。如果一個人擺出了二郎腿的坐姿，並且將鞋底朝向某個人，那麼就暗示著他很討厭這個人。同時，與案例中所顯示的一樣，二郎腿有強烈的牴觸、戒備心理意味。

交叉腿也是一種很常見的坐姿。當一個人擺出了交叉腿的姿勢，那麼就暗示著他此時的心態是保守和戒備的，代表一種拒絕的態度。例如，在香港回歸的談判中，英國首相柴契爾夫人（Margaret Hilda Thatcher）的坐姿就是交叉腿。柴契爾夫人自然不願意放棄香港，但礙於中國的實力，不得不做出妥協。因為只是初期談判，所以交叉腿還暗示著柴契爾夫人此時拒絕立刻做出讓步的心態。研究顯示，當一個準備做出重大決定時，他的雙腳都會保持踩在地面上的姿勢。因此，當有人擺出了二郎腿、翹腳和交叉腿的坐姿時，最好不要逼迫他立刻做出決定。

除了交叉腿的坐姿外，叉腿站立也是一種常見的姿勢。當一個人的站姿是叉腿站立時，就暗示著他現在的心態是緊張而又缺乏自信的。如果一個人站著時，腳跟著地，翹起了自己的一隻腳，那麼則暗示著他現在的心情很歡快。

總之，人的腿和腳能真實地反映一個人的心理狀態，而且基本上不會有人能完全管住自己的腿腳動作。

‖ 小動作背後的寓意 ‖

在 1996 年的大選中柯林頓（William Jefferson Clinton）取得了成功，繼續擔任總統。這次的勝利讓柯林頓及其團隊都鬆了一口氣，整個白宮處於一種輕鬆的氛圍中。不久之後，共和黨主導的國會在預算問題上與白宮方面發生了爭執，從而導致了聯邦開支的凍結，許多政府雇員都被告知暫時不要來上班。這下，以白宮為首的許多政府機關變得空空蕩蕩，這為柯林頓和白宮實習生莫尼卡・萊溫斯基（Monica Lewinsky）製造了機會。

漸漸地，柯林頓就和萊溫斯基發展成了戀人的關係，雖然外界並不知情，但柯林頓身邊的許多人都知道他和萊溫斯基的關係。到了 1997 年的 4 月，萊溫斯基被她的上司調到了國防部工作，因為她的上司擔心她與總統的關係過於親密。

萊溫斯基在國防部認識了琳達・崔普（Linda Tripp），兩人很快就成了無話不談的閨密。萊溫斯基開始告訴琳達一些自己的祕密，包括她與柯林頓祕密交往的經過。萊溫斯基沒有想到的是，琳達居然祕密把兩人的談話全部錄音。

1998 年 1 月，一名律師開始蒐集柯林頓的花邊新聞和證據。在調查中，萊溫斯基提交了一份書面證詞，證明自己與柯林頓毫無往來。私下裡，萊溫斯基找到琳達，希望琳達能幫她保守祕密。不過琳達表示，她不想作偽證，於是就把錄音帶交給了檢察官肯尼斯（Kenneth Starr）。肯尼斯

因此開始調查這起事件。

被桃色醜聞纏身的柯林頓只能公開表示自己與萊溫斯基沒有不正當的關係。在被逼急的時候，柯林頓才說自己與萊溫斯基沒有性關係，他只是接受服務的一方，這根本算不上發生了性關係。

不過肯尼斯並未因為總統斬釘截鐵地否認而放棄調查，他利用錄音帶和萊溫斯基的日記，逼迫萊溫斯基說出了全部事實。後來，肯尼斯還掌握了一條關鍵的證據，這是一件沾有柯林頓精液的藍色洋裝，是萊溫斯基留下的紀念品。透過檢驗，藍色洋裝上的精液與柯林頓的 DNA 符合，這下柯林頓就再也賴不掉了，他只能在全國發表演說，並向所有人道歉，還承認自己說謊了。在柯林頓發表演說向所有人道歉的過程中，如果注意柯林頓的小動作，我們就會發現他出現了嘴巴緊閉的動作，這暗示著此時他的內心是無比壓抑的。

人是一種非常擅長偽裝的動物，總會將自己偽裝成十分強大的樣子，但一些小動作卻常常會暴露出一個人真實的內心。例如，上述案例中柯林頓在承認性醜聞時出現的嘴巴緊閉的小動作。

有些成年人會有咬手指甲的小動作。吮吸手指的動作常常出現在嬰兒身上，據說這種動作能幫助嬰兒緩解焦慮。那麼如果類似的動作出現在成年人的身上，將會暗示些什麼呢？暗示著當前這個人的狀態十分焦躁、缺乏安全感。

勒布朗・詹姆斯（LeBron James）是個著名的籃球運動員，他有一段時間總會做出啃咬手指的動作，好幾次都被鏡頭記錄了下來。有心理學家分析，詹姆斯此時的心理狀態十分糟糕，他缺乏安全感，並且渴望能得到他人的安撫。

　　但詹姆斯所在球隊的負責人卻並未重視起來，他覺得像詹姆斯這樣身體健壯的籃球運動員根本不可能缺乏安全感。正是這種忽視讓詹姆斯在合約期滿後離開了這支球隊。心理學家分析得沒錯，當時的詹姆斯的確非常焦慮而且缺乏安全感。

　　當初，詹姆斯在和這支球隊簽合約的時候就曾承諾過，一定會努力奪取冠軍，成為最優秀的籃球運動員。但隨著時間的推移和一次次的比賽，詹姆斯和冠軍的距離越來越遠，這讓他覺得非常焦慮和不安，從而出現了啃咬手指的小動作。

　　咬牙切齒的動作在我們的生活中也十分常見，那麼這個小動作暗示著什麼呢？當一個人出現憤怒或憎恨的情緒時，通常會出現咬牙切齒的動作。

　　美國的父子總統布希（George Herbert Walker Bush）和小布希（George Walker Bush）與伊拉克戰爭有著十分密切的關係。小布希擔任總統期間，在提到薩達姆（Saddam Hussein）時，曾咬牙切齒地說：「他竟然想殺死我父親！」這暗示著小布希對薩達姆暗殺布希行動的憎恨和憤怒。

　　一個人在表達憎恨或憤怒時，為什麼會有咬牙切齒的小動作呢？這與人的本能有關。在動物界，凡是搏鬥雙方都會亮出自己的牙齒，有時候在宣示自己的領地主權時，動物也會亮出自己的牙齒，因為牙齒象徵著力量。這種動物的本能被人保留下來，即使人的牙齒根本不具備殺傷力。

　　眨眼和閉眼是十分常見的眼部小動作。當一個人看到自己不喜歡的畫面時，便會出現眨眼睛的小動作，這暗示著他想要逃避的心理。這種反應被稱為「隔斷效應」。當一個人眨眼時，他會出現短暫的閉眼，這樣他就將自己不喜歡的畫面阻隔在視線之外，從而獲得一種安全的心理安慰。閉

眼睛也有這樣的暗示意義。

　　如果一個人在提到某件事情時，出現和閉眼睛很相似的動作，即眼簾下垂，那麼就暗示著他此時的心態是愧疚的。例如，某個女人是第三者，每當她聽到別人議論有關第三者的話題時，她就會出現一個眼簾下垂的小動作，這暗示著她對身為第三者這個事實覺得非常愧疚。

　　觸碰鼻子的動作是一種常見的撒謊動作。因為當一個人在撒謊時，就會感覺自己的鼻子有輕微的癢感，會不自覺地用手去觸碰自己的鼻子。例如，一個年輕的學生在和一個老教授探討一部作品時，他不喜歡這部作品，但老教授卻很喜歡，他為了迎合老教授的喜好，會對老教授說自己也很喜歡這部作品，此時他就會做出觸碰鼻子的動作。這種小動作反映了他內心真實的想法。

　　此外，在日常生活中還有一種小動作十分常見，即吞嚥口水。一般來說，這暗示著此人正處於十分緊張的心理狀態。每當一個人緊張的時候，他就會感覺口渴，從而產生想喝水的衝動，於是，就會出現吞嚥口水的小動作。

‖ 一舉一動皆是破綻 ‖

在美國華盛頓特區西北區波托馬克河畔有一座水門大廈，這座大廈是由一家五星級飯店、兩座高級辦公大樓和三座豪華公寓樓組成。在大廈的正門處，有一個人工小型瀑布，因此便有了「水門」這個稱呼。讓水門大廈聞名世界的是美國總統尼克森（Richard Milhous Nixon）的一件竊聽醜聞，被稱為「水門事件」。

1972 年 6 月 17 日的夜晚，水門大廈的辦公大樓裡已經漆黑一片，一名美國民主黨總部的工作人員在收拾完畢後準備回家，臨走前偶然回頭看了看自己的辦公室，卻驚奇地發現，漆黑的辦公室裡有幾條光柱在晃動。這說明辦公室裡還有人，這個人不開燈卻拿著手電筒，看來應該不是同事，於是工作人員叫來了保全人員，並將自己看到的一切告訴了保全。

保全立刻開始了搜查工作，結果抓到了 5 個戴著醫用外科手套、形跡可疑的男人，其中一個男人是前中央情報局的工作人員，名叫詹姆斯・麥科德，而現在他是尼克森總統競選連任委員會安全工作的負責人。這一次，麥科德是奉命來到水門大廈，目的就是將竊聽裝備安裝在民主黨總部。

第二天，這件事情就被披露在《華盛頓郵報》（*The Washington Post*）上，一時之間鬧得沸沸揚揚，就連正在度假的尼克森也匆匆忙忙趕回華盛頓處理此事。在當天的深夜時分，尼克森和幾個親密的助手在白宮內召開

祕密緊急會議，討論如何處理該事件。會上，幾個助手都愁眉苦臉的，不知道該怎麼辦。最後還是尼克森下定了決心：「被抓的人中有幾個是古巴人，而且麥科德以前也參加過『豬玀灣事件』，我們乾脆就讓古巴人背這個黑鍋，咬定他們是為了自己民族的利益而竊聽的。一會兒，再派一個人和中央情報局局長見一面，並要求他出面處理此事，不要讓聯邦調查局插手。還得派一個人給那幾個被抓的傳話，讓他們不要亂說話。對了，在陪審團那裡，白宮的人也不要承認此事。」

對於尼克森來說，他的理智讓他極力地想撇清自己，讓水門事件成為一次意外。水門事件是否是他指使的呢？從他在接受電視臺記者採訪時所表現出來的動作我們可以得知，水門事件與尼克森總統脫不了關係。

尼克森在接受記者採訪時，儘管他明確表示，在白宮團隊和本屆政府內，沒有一個工作人員捲入這起荒唐的事件，但他的一舉一動卻出賣了他。尼克森用手撫摸自己臉頰和下巴的動作皆暗示著他此時緊張、需要被安撫的心理狀態。這說明，水門事件並不像他所說的那樣與他無關，他自己也參與了這件醜聞，或者乾脆說整個事件就是他策劃的。

雖然尼克森成功打敗了民主黨候選人，連任總統，但水門事件卻並未結束。麥科德在接受審問時，將白宮法律顧問安迪牽連出來。尼克森本想讓安迪承擔所有的責任，但沒想到安迪決定將功贖罪，將整個水門計畫全盤托出。

在日常生活中，我們通常會採用語言的方式溝通，用語言表達自己的內心活動，但眾所周知，語言具有欺騙性，一個人可以透過語言輕易地撒謊，而其肢體動作卻常常不受控制。這是因為人的肢體動作受到心理狀態的影響，真實地反映人的內心活動。總之，我們的一舉一動會暴露出我們

真實的內心想法。

1976 年 2 月 4 日，在聽證會上，美國參議院外交委員會跨國公司小組委員會主席邱比奇爆出了一條驚人祕聞。這條祕聞與不正當競爭有關。邱比奇說洛克希德公司在向國外推銷飛機時曾以各種名義賄賂外國政要。

隨後，洛克希德公司的副董事長便在聽證會上表示，他們公司曾透過日本的代理公司向日本政界有關人物贈送了鉅款。

該事件雖然在美國只是一個小案子，但在日本引起了軒然大波，備受許多媒體的關注。為此，當時的日本首相三木武夫只能召開緊急會議，並且宣布會支持司法部門展開調查，還成立了專門的調查委員會。由於該賄賂案件是跨國性的，三木武夫就命令外交部與美國交涉，從而獲取涉及該案件的材料，以作為辦案的有力證據。

美國和日本在簽訂了《司法協助協定》後，日本便從美國那裡獲得了許多和洛克希德案件有關的材料。在整理和檢查材料時，日本檢察官從中發現了一張 5 億日元的收據，收據的領受人則是日本前首相田中角榮。

雖然這份證據能證明田中角榮曾經被賄賂過，但證據並不充分，於是檢察機關決定先不逮捕田中角榮，而是擴大調查範圍，並且利用輿論的力量讓公眾聲討田中角榮。

這件事情鬧得沸沸揚揚，田中角榮再也坐不住了，他開始透過媒體極力洗清自己身上的嫌疑。讓人懷疑的是，田中角榮在接受採訪時出現了一個動作，即他總會時不時地拿手絹擦拭臉上的汗水。這說明，儘管田中角榮嘴上不停地否認，實際上內心卻很緊張。

7 月 27 日，東京地方檢察廳宣布逮捕田中角榮。8 月 17 日，田中角榮在繳納了保釋金後獲得了一定的自由，然後他便組織了一個強大的律師

團，開始為自己辯護。不久之後，事態的發展對檢察機關不利，兩個重要證人出現了意外。其中一個證人是田中角榮的司機，他自殺了。另一個證人是田中角榮的祕書，他選擇了翻供。再加上各種政治力量的介入，整個案件審理起來十分困難。最後，檢察機關找到了一個關鍵證人，即田中角榮的前妻，她揭露了田中角榮及其祕書的翻供行為。

1983 年 10 月 12 日，洛克希德案件終於有了結果，田中角榮被判決違反外匯法、受託受賄，判處 4 年有期徒刑，罰款 5 億日元。田中角榮並不接受這個結果，當場表示要上訴。在第一次上訴時，東京高等法院駁回了，並宣布維持原判。第二次上訴依舊是這樣的結果，但此時田中角榮已經去世了將近兩年。

一個人真實的內心活動，包括其潛意識的狀態，都會在不經意間暴露在他的一舉一動之中。在面對對自己不利的事件時，即使他極力想掩飾，但只能做到語言上的掩飾，其一舉一動皆會露出破綻。

當一個人面對十分嚴重的局面時，會強迫自己擺出一副非常強硬的姿態，這是他所希望的樣子，他真實的內心狀態卻往往是恐懼和緊張的，而這些弱點都會在他不經意的動作中表現出來。因此我們想要窺探一個人真實的內心活動，一定要注意他的一些反常小動作。

‖ 手部及手臂動作 ‖

2016 年 11 月 9 日，美國大選計票結果出來了。共和黨候選人唐納・川普（Donald Trump）最終獲得了 306 張選舉人票，成為繼歐巴馬後的第 45 任總統。

在 2016 年的美國總統大選中，言辭激烈、針鋒相對的政治論戰自然是必不可少的，但這種「對罵」卻不僅僅在總統候選人川普和希拉蕊・柯林頓（Hillary Clinton）之間展開，川普還經常將戰火引到歐巴馬身上。歐巴馬也賣力地為希拉蕊拉票，阻止川普勝選。

兩人之所以這樣針鋒相對，還要從 2011 年說起。作為億萬富翁的川普公開懷疑歐巴馬並非出生在美國，還屢次要求歐巴馬出示出生證明。這件事情讓歐巴馬尷尬不已。

2011 年 4 月 30 日，在白宮記者晚宴上，歐巴馬藉機當眾嘲諷了川普一番。當鏡頭掃到川普時，他的臉上露出了十分尷尬的笑容。後來，川普的政治顧問斯通在提到這次晚宴時說，這是川普人生中的一個轉捩點，就是從那時起他開始下定決心要競選總統，只有這樣才能向外界展示自己的實力。

從此之後，川普和歐巴馬就走上了互相對抗之路。

對於歐巴馬而言，他更傾向於希拉蕊能在這次大選中勝出，這意味著他的政治遺產能得到保護。在競選活動中，川普曾不只一次地表示，要廢

除歐巴馬頒布的多個行政命令，例如醫改法案等。這讓歐巴馬大為惱火，他也公開表示總統這個職位川普根本不夠格，他嘲笑像川普這種富家子弟，根本不會尊重普通的大眾。

直到 2016 年 11 月，當川普從大選中勝出，並與歐巴馬在白宮首次見面時，兩人的關係才得以緩和，而且還發誓要團結合作，可兩人的身體語言卻暴露出了彼此真實的內心活動。

兩人都採用了叉開腿的坐姿，這說明兩人都在宣示主權。只是歐巴馬雙腿間的距離更大，他是在暗示川普，現在他還是總統，還掌握著權力，白宮還是他的地盤。

在交談的過程中，川普出現了「倒三角形」的手勢，也被認為是向下祈禱的姿勢。這意味著他此時的心理狀態是試探性的，這種手勢很少會出現在總統身上，說明此時的川普要了解很多他以前不知道的東西。歐巴馬則擺出了手臂放在腿上的姿勢，這種姿勢在歐巴馬的身上並不常見，暗示著他此時感覺很累的心理狀態。儘管歐巴馬表示，他會緊密配合川普交接總統的職務，並且還表示祝賀川普當選為美國總統，但他這樣說時，卻有一個閉眼睛的動作，暗示著他並不想看到這種局面。

人的雙手是身體中最為靈活的一部分，常常暗示著一個人的心理活動。常見的手部動作主要有雙手摩擦和雙手緊握。當一個人出現雙手摩擦的動作時，暗示著他此時的心理狀態是躍躍欲試的，急切地想要嘗試自己不熟悉的領域。如果一個人出現了雙手緊握的動作，那麼則暗示著他此時很緊張。在上述案例中，川普的倒三角形手勢在生活中並不常見，但如果他的這種手勢是朝上的，那麼所暗示的意義就變了，這是一種十分自信的手部姿勢。

此外，我們還應該特別注意一下大拇指，這根手指常常與自信有著密切的連繫。如果一個人手握拳頭，將大拇指露在外面，即我們常見的握拳姿勢，那麼就說明他是有自信的；相反如果他將大拇指藏在四指之下，即我們常見的嬰兒會做出的握拳姿勢，那麼就暗示著他此時非常不自信，而且缺乏安全感。此外，在現實生活中很多年輕人都喜歡做出將手放在褲口袋裡的姿勢。有些人將手放在褲口袋裡時，會將大拇指露在外面，這是一種自信的表現。相反，如果將大拇指藏在褲口袋裡，則暗示著沒自信的內心。

當一個人想要侮辱某人時，常常會做出豎中指的動作，這種動作具有強烈的侮辱性，在許多國家和地區都是被禁止的。這種手勢起源於一場戰爭。

在英法百年戰爭末期，英國的弓箭手十分厲害，讓法軍損失慘重。英國在擊敗法國後，為了慶祝勝利，就下令砍斷了法軍弓箭手的中指，這樣弓箭手就無法射箭了。英國弓箭手為了向法軍炫耀，紛紛豎起了自己的中指。這種手勢漸漸在歐洲傳播開來，直到如今這種手勢還被用來表達侮辱性的意味。

豎起食指這種手部動作也很常見，尤其是當一個人公開發表演講時，這種動作就會更加頻繁地出現，這暗示著他將要陳述自己的某種觀點了。

與手部動作緊密相關的便是手臂動作。常見的手臂動作有雙臂交叉放在胸前。當一個人感覺到威脅時，就會出現將雙臂交叉並放在胸前的動作，這是一種自我保護的動作，這樣做會讓他感覺安全。

對於許多動物來說，它們不會輕易地將自己的肚子暴露出來，因為肚子是最柔軟、最容易受到攻擊的地方。有許多養寵物的人會發現，當寵物

覺得很安全並表達對主人的信任時，就會將自己的肚子暴露出來。

　　人雖然是直立行走的動物，但也保留著這種本能。每當一個人覺得不安全時，他就會做出雙臂交叉放於胸前的動作。如果旁邊正好有東西的話，他會將這種東西抱在胸前。例如，有些人坐在沙發上和人聊天，突然遇到令自己很不安的話題時，他就會不自覺地將抱枕抱在胸前。當沒有東西可抱時，人們就會用手臂來代替，也就是做出雙臂交叉放在胸前的動作。因此，當你和別人聊天時，一旦對方做出了這種手臂動作，那麼就意味著你所說的話題讓他覺得很不舒服，儘管他口頭上會贊同你所說的內容，但內心卻在抗拒。

|| 握手這個動作不簡單 ||

1960 年，作為總統候選人的甘迺迪（John F. Kennedy）和尼克森開始了競選，這是美國歷史上第一次總統大選電視辯論。這次的電視辯論不僅影響到競選的結果，還開啟了一種新型的競選方式，即利用媒體曝光塑造出不同特色的公眾形象。

當時正值美蘇冷戰，雙方在軍事、經濟和太空領域都較著勁，蘇聯剛剛向太空中發射了一顆人造衛星，這意味著蘇聯在太空領域已經占據了領先地位，此時的美國卻因為公民權利等問題鬧得不可開交。在這樣的背景下，總統大選開始了。

兩位總統候選人都十分有實力，而且風格不同。尼克森是副總統，有著十分豐富的從政經驗，而甘迺迪則是個充滿活力的年輕參議員。相比之下，甘迺迪的實力稍遜。尼克森 39 歲就當選為副總統了，有著 8 年的治國理政的經驗，而甘迺迪不僅缺乏經驗，還因為天主教徒的身分處於不利的地位。

在夏天過去後，選民對總統候選人的支持開始出現了變化，領先優勢開始朝著甘迺迪傾斜。後來時任總統的艾森豪（Dwight David Eisenhower）的一句話讓尼克森的處境變得輕鬆起來。

當時有記者向艾森豪提問，希望他能列舉出一些副總統的貢獻。當時的艾森爾剛開完一個漫長的新聞記者會，此時的他十分疲憊，於是就用了

一句玩笑話搪塞：「如果你給我一週的時間，我可能會想起一個貢獻來，但現在我什麼也想不起來。」

這雖然只是一句玩笑話，卻被民主黨當成了為尼克森爭取選票的契機，民主黨將這句話作為電視廣告的結尾，即艾森豪威爾總統不記得，但選民們會記得。

不久之後，尼克森再次遇到了一件倒楣的事情，他在北卡羅來納州參加競選活動時，不小心撞傷了膝蓋，後來傷口出現了感染，他只好住院。兩週後，尼克森終於出現了，但他的狀態卻不怎麼好，看起來很萎靡。

9 月 26 日晚上，尼克森要和甘迺迪一起在芝加哥市中心的哥倫比亞廣播公司辯論。當尼克森走出汽車的時候，他摔倒了，膝蓋再次受傷。再加上尼克森的感冒和低燒還沒好，這次的競選辯論對他來說十分難熬，他的狀態嚴重影響了他的發揮。

不論是尼克森還是甘迺迪都十分重視這次的電視辯論，希望能透過這種形式向選民們彰顯個人魅力，從而贏得選票。在第一次辯論開始前，哥倫比亞廣播公司為兩人準備了頂級化妝師，但兩人都拒絕化妝。

甘迺迪向人們呈現出一種健康而有活力的感覺，他在經過多場露天競選後，皮膚已經被晒成了古銅色。尼克森則因為健康問題，臉色非常蒼白，而且還帶著鬍渣。尼克森的團隊為了讓尼克森的形象看起來更積極，就為他準備了「懶漢剃鬚」，即一種粉末，將其塗抹在臉上，會遮蓋住鬍渣。

在節目錄製開始後，尼克森因為狀態不佳出了許多汗，汗水導致臉上的「懶漢剃鬚」開始融化，再加上尼克森的淺灰色西服，讓他整個人看起來更加病態。儘管尼克森在辯論中表現得不錯，但因為這種外在形象讓他

損失了許多選民。就連當時的新聞也提到了尼克森的化妝問題，甚至指出是電視化妝師毀了尼克森。

在辯論的時候，甘迺迪和尼克森選擇了不同的互動方式。甘迺迪直視著攝影機的鏡頭來回答問題，好像在和電視機前的觀眾互動一樣。尼克森卻將目光投向了錄製現場的記者，在電視機前的觀眾看來，尼克森好像在逃避公眾的眼神一樣。

在電視辯論會結束後，尼克森和甘迺迪第一次公開握手，而這個握手的姿勢也被鏡頭記錄了下來。雖然兩人的面部表情都很相似，但握手的方式卻不一樣。甘迺迪的手在上方，尼克森的手在下方。

在肢體語言中，握手的方式往往會給人不同的心理暗示。如果一個人在與他人握手時選擇掌心朝上，也就是尼克森的握手方式，那麼表達了一種尊重的態度，暗示著在他的心裡，兩人之間的關係是平等的。如果是掌心朝下，即甘迺迪的握手方式，則暗示著這個人的內心非常強勢，他是一個非常喜歡占據主導地位的人。在兩人握手時，如果一個強勢的人是掌心朝上的，那麼他極有可能會迅速地將手掌反轉過來，從而表示自己掌握著主導權。

選民們透過尼克森和甘迺迪的握手方式，感覺到甘迺迪的強大心理。再加上尼克森在電視辯論中病態的裝扮，人們就更加傾向於看起來更具有控制力的甘迺迪。畢竟當時正值美蘇冷戰，美國許多選民都希望美國在這場冷戰中拿出強硬的姿態，戰勝蘇聯，而甘迺迪則給選民們一種值得被信任和具有力量的感覺。

一個半月後，大選的結果出來了，甘迺迪以 49.7% 對 49.5% 的領先贏得了總統的寶座。在之後的民意調查中，有超過一半的選民都表示受到了

電視辯論的影響，其中 6%的選民認為正是電視辯論讓他們做出了最後的決定。

在現實生活中，握手這種禮貌性的帶著問候意味的動作十分常見，但這個簡單的動作，所代表的心理暗示意義和心理狀態卻十分複雜。我們可以透過一個人的握手姿勢觀察他的內心活動。

握手的姿勢除了上述案例中甘迺迪和尼克森的握手姿勢外，還有三種十分常見的姿勢，即擠壓式握手、無力式握手以及握手力度大且時間長的握手。

擠壓式握手所用的握手力度一般都比較大，暴露出當事人向對方暗示自己很強勢的心理，但這種強勢卻只存在於表面上。選擇擠壓式握手的人往往表面上很強勢，但內心卻對自己非常沒自信。

無力式握手會給人一種軟弱無力的感覺，好像在握手的時候沒怎麼用力。這種人的心理狀態常常是散漫的，握手對他而言只是例行公事。除了散漫的暗示外，還有傲慢的意味，好像什麼都不在乎一樣。

最後一種握手方式便是握手力度大且時間長的握手，暗示著當事人想要控制局面的心理狀態，同時也暗示了他是一個很容易煩躁的人。

潛意識操控術，職場與社交中的心理暗示：

窺探真實、集體催眠、互悅機制、思維定式……從心理減壓到潛能開發，提升自癒力與情商

作　　　者：李娟娟
責 任 編 輯：高惠娟
發 行 人：黃振庭
出 版 者：崧燁文化事業有限公司
發 行 者：崧燁文化事業有限公司
E-mail：sonbookservice@gmail.
　　　　　com
粉 絲 頁：https://www.facebook.
　　　　　com/sonbookss/
網　　　址：https://sonbook.net/
地　　　址：台北市中正區重慶南路一段
　　　　　61 號 8 樓
8F., No.61, Sec. 1, Chongqing S. Rd.,
Zhongzheng Dist., Taipei City 100, Taiwan

電　　　話：(02)2370-3310
傳　　　真：(02)2388-1990
印　　　刷：京峯數位服務有限公司
律 師 顧 問：廣華律師事務所 張珮琦律師

-版 權 聲 明

定　　　價：330 元
發 行 日 期：2024 年 07 月第一版
◎本書以 POD 印製

國家圖書館出版品預行編目資料

潛意識操控術，職場與社交中的心
理暗示：窺探真實、集體催眠、互
悅機制、思維定式……從心理減壓
到潛能開發，提升自癒力與情商 /
李娟娟 著 . -- 第一版 . -- 臺北市：崧
燁文化事業有限公司 , 2024.07
面；　公分
POD 版
ISBN 978-626-394-483-1(平裝)
1.CST: 暗示 2.CST: 潛意識
175.8　　113009154

電子書購買

爽讀 APP

臉書